Thomas Raue
Karl Single

Reiten lernen

Vertraut mit dem Pferd
von Anfang an

KOSMOS

Richtig reiten lernen 5
Die erste Begegnung mit dem Pferd 6

Reiten lernen – kann ich das? 6
Der Körperbau des Pferdes 12
Richtiger Umgang mit dem Pferd 16
Fit fürs Reiten 24
Die Ausrüstung des Reiters 26
Putzen und Pflegen 28
Satteln und Aufzäumen 32
Das Auf- und Absitzen 36
Nach dem Reiten 37

Sitz und Hilfen 39
Reiten heißt fühlen 40

Der richtige Sitz 40
Sitzübungen an der Longe 46
Die Zügelhaltung 52
Die Gangarten: Schritt, Trab, Galopp 54
Das Zusammenspiel der Hilfen 63
Die Phasen einer Reitstunde 67
Lösende Übungen 70
Takt und Losgelassenheit 74
Anlehnung und Schwung 78

Selbständig reiten 87

Sicher reiten in Bahn und Gelände 88

Die Hufschlagfiguren 88
Vorhandwendung und Schenkelweichen 100
Die Springgymnastik 102
Hindernisreihen für Einsteiger 106
Reiten im Gelände 110
Der Reitpaß 113
Die Vielfalt des Reitens 115

Serviceteil 122

Kleines Lexikon 122
Nützliche Adressen 124
Zum Weiterlesen 125
Register 127

Richtig reiten lernen

Mit dem Pferd die Freizeit zu teilen, ist der Wunsch vieler Menschen. Wenn diese Begeisterung anhält, kann Reiten ein Leben lang zur körperlichen Fitneß, aber auch als Leistungssport ausgeübt werden.

Will der Reitsport zusammen mit der Pferdezucht im großen Orchester der »Freizeitgestalter« weiterhin eine bedeutende Rolle spielen, muß er sich um Sie als Kundin und Kunde bemühen.

Der Reitsport kann sich darüber freuen, daß vor allem heute auch junge Mädchen und Frauen den Weg zum Pferd suchen. Die Emanzipation hat seit langem den ehemaligen Herrensport eingeholt, ja überholt.

Aber auch Männer nach Beendigung der Schule, des Studiums oder der Berufsausbildung zeigen sich für den Reitsport interessiert. Gut geschulte Ausbilder müssen in den Reitvereinen, Reitschulen und Pferdebetrieben den Reitbegeisterten zur Verfügung stehen, und zwar nicht nur als Reiter, sondern auch als Pädagoge.

Reiten lernen und der Umgang mit dem Pferd muß über Auge, Gefühl und Selbsterfahrung, unterstützt durch treffende Worte des Reitlehrers, erlebt werden.

Die erste Begegnung mit dem Pferd

6 ▸ Reiten lernen – kann ich das?
12 ▸ Körperbau des Pferdes
16 ▸ Richtiger Umgang
24 ▸ Fit fürs Reiten
26 ▸ Ausrüstung des Reiters
28 ▸ Putzen und Pflegen
32 ▸ Satteln und Aufzäumen
36 ▸ Auf- und Absitzen
37 ▸ Nach dem Reiten

▸ Reiten lernen – kann ich das?

Die Zeiten haben sich gewandelt. Reiten ist schon längst kein Herrensport mehr. Reiten ist mit seinen vielfältigen Möglichkeiten eine der beliebtesten Freizeitbeschäftigungen geworden. Mit dem Pferd die Freizeit zu teilen, ist der Wunsch vieler Menschen. Wenn die Begeisterung anhält, kann Reiten bis ins hohe Alter ein bereicherndes Hobby sein, zur körperlichen Fitneß beitragen oder aber auch als Leistungsvergleich im Wettbewerb mit anderen Reitern ausgeübt werden.

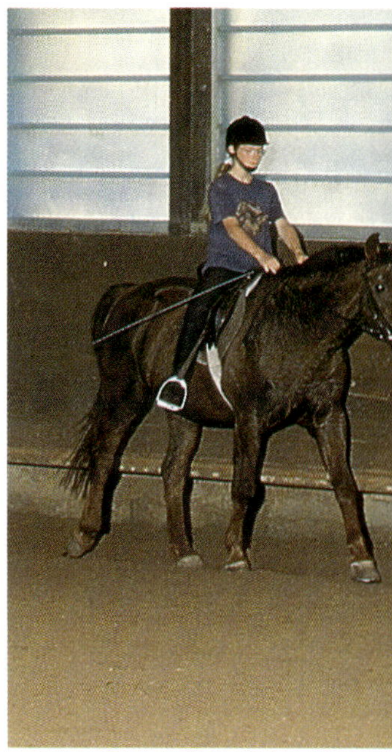

Das war nicht immer so. Vor beispielsweise vierzig Jahren war der Reitsport für Jugendliche aus einem städtisch geprägten Umfeld nur schwer zugänglich und natürlich auch vom finanziellen Standpunkt aus nicht immer zu verwirklichen.

Die ersten zehn Longenstunden kosteten damals fünfzig Mark, und die Lehrpferde hießen »Bubi«, »Mecky« und »Püppchen«. Heute zählen Schulpferde zu den vom Aussterben bedrohten, seltenen »Tierarten«.

Wettbewerbe mit klangvollen Sponsoren und enorme Anstrengungen, den Ruf wieder aufzuwerten, müssen unternommen werden, um zu verhindern, daß die letzten Exemplare dieser Pferdeart nur noch im Vergnügungspark gesattelt werden und der reiterliche Nachwuchs in der Lohe der Reitbahn verlorengeht.

Heute ist der Zugang zum Reiten allen offen. Reiten ist ein auch für Jugendliche bezahlbares Freizeitvergnügen geworden, und dies ist eine nur zu begrüßende Entwicklung. Reiten lernen, Umgang mit dem Lebewesen Pferd haben, stehen hoch im Kurs bei uns bewegungsarmen Erdbewohnern.

Gerade Kinder und Jugendliche finden im Reitsport eine ideale Bewegungsschule, die alle Muskeln und Sinne trainiert. In einer Zeit, in der bereits bei Erstklässlern Haltungsschäden erkannt werden, ist der gesellschaftliche Auftrag, Kinder zum Sport zu führen, nicht hoch genug einzuschätzen.

Reitvereine, Reitschulen und Pferdebetriebe haben in Reitanfängern sehr aufgeschlossene und im Schnupperstadium leicht zu begeisternde Kunden, was leider auch manchmal ausgenutzt wird. Seriöse Ausbilder bieten daher vor dem ersten ernsthaften Kontakt mit dem Pferderücken ein Eingangsgespräch an. Dies sollte kein kurzer Stehempfang zwischen Reithalle und Stall sein, sondern in Ruhe in einem geeigneten Raum stattfinden.

Anfängerunterricht

Jugendliche, vor allem junge Mädchen, zählen meist zu den motiviertesten Reitanfängern. Die meisten wollen nicht so eben mal das Reiten erlernen. Nein, sie wollen oft bis zum Niveau anspruchsvoller Lektionen gefördert werden. Auch die Haltung des Pferdes, die Fütterung und das Verhalten der Vierbeiner interessieren sie außerordentlich, so daß fast jede freie Minute im Reitstall verbracht wird. Bei Jungen im gleichen Alter muß sich der Reitlehrer schon bedeutend mehr einfallen lassen, um sie bei Begeisterung auf dem Pferd zu halten. Jungen wollen Reiten erleben. Spaß, Erlebnis und Abenteuer stehen hierbei im Vordergrund. Ein mühsames und lang angelegtes Üben und Trainieren von komplexen Bewegungsabläufen finden Jungen dieses Alters nicht gerade spannend.

Günstig für das Erlernen von Bewegungsabläufen, wie sie das Reiten erfordert, ist erwiesenermaßen das Alter zwischen zehn und dreizehn Jahren. Bewegungen, ja selbst solche, die eine so komplexe Abstimmung wie die zwischen Pferd und Reiter erfordert, können in diesem Alter auf Anhieb erlernt werden. Dies sind Bewegungsmuster, die wir dann auch ein Leben lang behalten und die uns selbst als Endvierziger bei Bedarf wieder abrufbar zur Verfügung stehen. Diese erfreuliche Erfahrung konnten schon viele Pferdefreunde ma-

Horsemanship

- Als Reiter habe ich für meine reiterliche Grundausbildung selbstverantwortlich Sorge zu tragen!
- Als Reiter trage ich Verantwortung für mein Pferd und verlange ihm nur Leistungen ab, die es zusammen mit mir auch in der Lage ist zu erbringen!
- Als Reiter habe ich dafür zu sorgen, daß mein Pferd entsprechend seiner Entwicklung und Ausbildung immer ausreichende Bewegung, Pflege, Unterbringung und Futter erhält!
- Als Reiter bin ich Nutzer der freien Landschaft und habe mich an die gesetzlichen Regelungen zu halten. Meinen Mitmenschen gegenüber verhalte ich mich rücksichtsvoll und zuvorkommend!
- Als Reiter bin ich Tierschützer und muß mir dieser Vorbildfunktion stets bewußt sein und danach handeln!

Eine Landesreitschule bietet viele reiterliche Aktivitäten

chen, die nach jahrelangen Reitpausen wieder in den Sattel stiegen. Beim Reiten lernt man zwar nie aus, aber wenn man es als Jugendlicher einmal richtig gelernt hat, dann findet man sich sehr schnell wieder in die Bewegungen des Pferdes ein.

Doch Sie sind keine zehn mehr, sondern fünfunddreißig Lenze jung und möchten unberührt aller Prägungen frühkindlicher Zeiten ein Pferd besteigen und erproben, ob dieser Sport nicht auch etwas für Sie als Ausgleich zum gestreßten Alltag sein könnte. Die Natur mit Wald und Flur oder besser den noch für die Reiter verbliebenen Teil davon wollen Sie auf dem Pferderücken erleben!

Ob Sie Ihre beginnende Reiterlaufbahn mit dem Eintritt in den Kreis der Leistungssportler krönen werden, ist allerdings in Ihrem Alter eher mit einem Fragezeichen zu versehen. Aber einen soliden Freizeitreiter werden Sie allemal abgeben.

Reiten erlernt man nur durch Reiten! In Reitstunden als Maß aller Dinge ausgedrückt, heißt dies anfangs für Sie: zwei Stunden pro Woche! Um allerdings ein Reiter zu werden, der nicht nur seine Reitlektionen erlernt, sondern auch lernt, mit Pferden umzugehen, sie in ihrem Verhalten verstehen und einschätzen zu können, benötigen Sie Zeit und vor allem Geduld mit sich selbst. Zeit zu haben, ist aber wiederum eine Eigenschaft, die uns leider mehr und mehr verlorenzugehen droht.

Wahrscheinlich haben Sie schon mehr als ein Buch über das Reitenlernen in Ihrem Bücherschrank. Nur leider steht dort zu oft die vollkommene Präsentation des Pferdes im Mittelpunkt, und wir Breitensportler, nicht immer mit der Idealfigur, etwas herabhängenden Schultern und rundem Rücken, finden uns dort gar nicht wieder. Also doch lieber eine andere Sportart wählen?

Nein, nein, legen Sie das Buch nicht weg. Auch Sie haben eine Chance, diesen schönen Sport zu erlernen. Bringen Sie doch etwas Zeit und Geduld auf. Denken Sie daran, daß die Harmonie zwischen Ihnen und Ihrem Pferd das Ziel sein soll. Als Reiter wollen Sie auf jeden Fall sicher und gut auf dem Pferd sitzen.

Neben all dem Hineinhorchen in den eigenen Körper müssen Sie auch schon als Anfänger mit Ihrem Pferd fühlen, müssen beginnen zu verstehen, was es Ihnen über Muskelbewegungen oder Bewegungsverweigerungen, über Ohrenspiel, Gesichtsausdruck, Körper- und Schweifhaltung mitteilen möchte.

Sie müssen neben dem Reitenlernen eben auch beginnen, Ihre Sinne für die stummen Botschaften des Pferdes auf Empfang zu stellen.

Die ersten Schritte in der Reitbahn

Checkliste zum geeigneten Reitstall

- [ ] **Anfahrtsweg und Kennzeichnung**
Gute Ausschilderung; Kennzeichnung als Ausbildungs- bzw. geprüfter Reitbetrieb; Sauberkeit um die Zufahrtswege und den Stallbereich

- [ ] **Erster Eindruck von Stallatmosphäre und Ausbildung**
Freundliches Grüßen der Stallmitarbeiter, Reiter und Pferdebesitzer; Ruhiger, tiergerechter Umgang des Personals mit den anvertrauten Pferden; Kundenfreundlichkeit des Betriebsleiters und der Ausbilder; Angebot eines eingehenden Beratungsgespräches; Ansprache der Haftungs- und Versicherungssituation beim Reitenlernen; Reiter sind keine Statisten auf dem Pferd, sondern aktiv dabei

- [ ] **Informationsaushang am »Schwarzen Brett«**
Verhaltensregeln bei Unfällen und Feuergefahr; Aushang der wichtigsten Rufnummern (Arzt, Tierarzt, Rotes Kreuz u. a.); Stall- und Reitbahnordnung; Belegungsplan der Reithalle; Informationen über gemeinsame Stallaktivitäten

- [ ] **Soziale Einrichtungen**
Aufenthaltsraum
Saubere Toiletten
Umkleidemöglichkeiten

- [ ] **Stallanlage**
Boxenaufstallung in pferdegerechter Größe: Mindestmaß in Quadratmetern (2x Widerristhöhe)²
Keine Ständeraufstallung mehr – auch nicht für Schulpferde; Boxenabtrennungen mit starken Holzbohlen, keine durchgeschlagenen Trennwände und verbogenen -stäbe; Ausreichende Boxeneinstreu; Heller, lichtdurchfluteter Stall; Gute Stalluft (kein stechender Ammoniakgeruch); Breite Stallgasse; Stets aufgeräumte Sattelkammer; Gesicherte Futterabwurfschächte und Leitern; Anbindevorrichtungen zum Pflegen und Satteln der Pferde; Paddocks und Weideeinrichtungen mit stabilen Einzäunungen; Geordnete Mistlagerung

- [ ] **Reitanlage**
Bande der Reithalle in ordentlichem Zustand; Feste und sichere Einfriedung der offenen Reitplätze; Hindernismaterial in ordentlichem Zustand (Hindernisraum); Regelmäßige Pflege des Hufschlages in Reithalle und auf Außenplatz

- [ ] **Haltungszustand der Pferde und deren Versorgung**
Pferde mit wachem Ausdruck; Glattes, glänzendes Fell; Sattellage der Pferde ohne Druckstellen; Hufe in gepflegtem Zustand; Pferde in gutem Futterzustand (weiche Konturen, Rippen nicht erkennbar); Futterkrippen und Tränkebecken sauber

Genick
Jochbein
Hals
Widerrist
Nüstern
Ganasche
Kehlgang
Schulter
Ellbogenhöcker
Unterarm
Vorderfußwurzelgelenk
Vordermittelfuß (Röhre)
Fessel
Huf

▸ Der Körperbau des Pferdes

Nun wollen wir Sie nicht gleich mit hippologischem Wissen überschütten, das mehr verwirrt als informiert. Doch mit ein paar Punkten sollten Sie sich schon vertraut machen. Sie können Ihnen helfen, den Körperbau, auch Exterieur genannt, eines guten Reitpferdes von einem weniger guten zu unterscheiden.

Allerdings eine Warnung vorweg: Machen Sie bitte nicht gleich nach dem Lesen dieser Zeilen den Körper Ihres Schulpferdes für den stockenden Fortschritt Ihrer reiterlichen Ausbildung verantwortlich. Aber gewisse Unterschiede beim Reiten

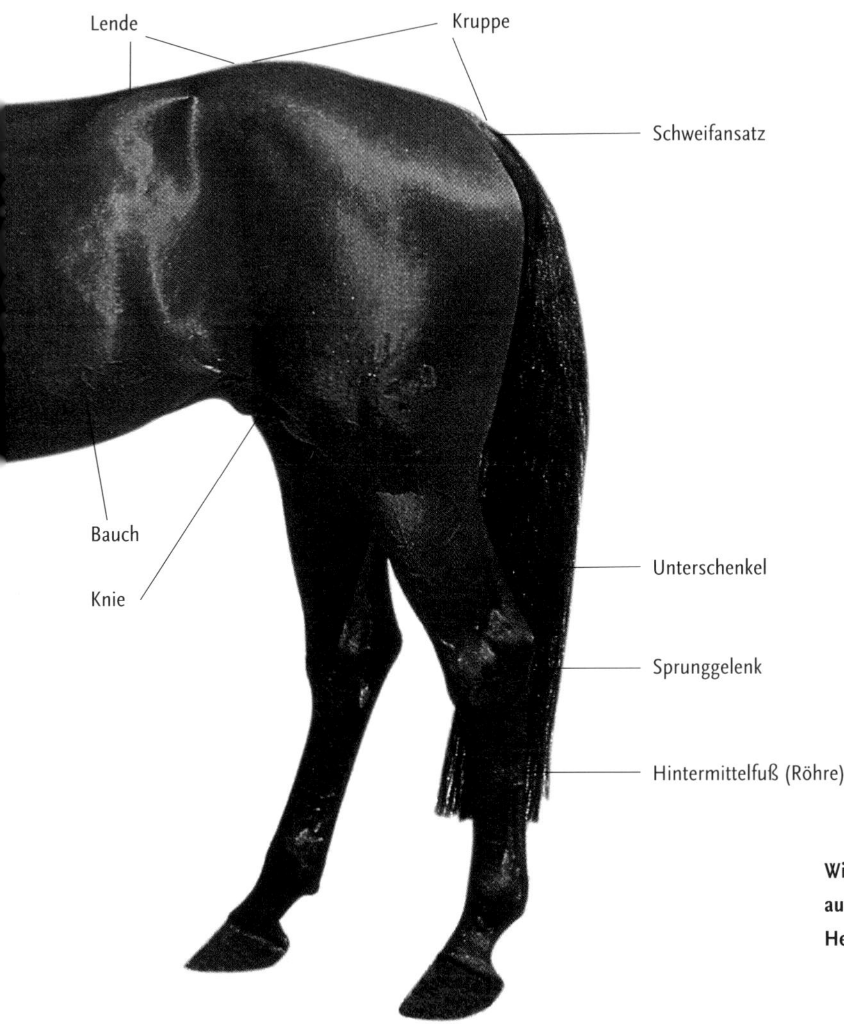

Wie ein gutes Reitpferd aussieht, zeigt der Hengst Tintoretto

können durchaus auf das Gebäude des Pferdes zurückzuführen sein. Anfangs können uns Typ und Ausdruck des Lehrpferdes ziemlich unbeeindruckt lassen.

Unser »Typ« muß praktisch sein. Wenn wir seinen Rumpf gedanklich einrahmen, sollte er im Langrechteck stehen und in ein paar Punkten, den sogenannten Reitpferdepoints, kaum Mängel aufweisen: Der oft zu hörende Begriff der Ganaschenfreiheit beschreibt den Freiraum, den der hintere Teil der Unterkieferäste den dort ansässigen beidseitigen Ohrspeicheldrüsen zur Verfügung stellt. Ist der Raum zu klein, verspürt das Pferd bei Anlehnung an das Gebiß schmerzhaften Druck im Genick und wird kaum zur Losgelassenheit gelangen. Die Breite einer Männerhand sollte daher zwischen den hinteren Teil der Unterkieferäste passen. Besitzt das Pferd außerdem noch einen breiten unteren Halsrand, wird es sicherlich nicht besonders leichtrittig sein. Daher sollte sich aus Reitersicht der Hals von der Schulter des Pferdes her gesehen zum Kopf hin deutlich verjüngen. Ein weiterer wichtiger »Point« eines Reitpferdes ist seine Sattellage.

Fohlen bei der Fellpflege

Die ersten zwölf Dornfortsätze der achtzehn Brustwirbel des Pferdes, die einen Teil der Wirbelsäule ausmachen, bilden mit Bindegewebe, Nackenband, Haut und Haaren versehen den Widerrist des Pferdes. Er wird von der Kammer des Sattels umhüllt, welche aber niemals aufliegen darf. Daß dies nicht geschieht, dafür sorgen einmal die seitliche Bemuskelung der Schultern und die richtige Sattelauswahl.

Zur Sattellage gehört natürlich auch noch ein Teil des Pferderückens. Der Pferderücken sollte elastisch und etwas nach unten gewölbt sein. Der bandscheibenbequeme Trainingspartner weist also einen leicht konkaven, elastisch schwingenden Rücken auf. Senk- oder Karpfenrücken beeinträchtigen die Nutzung des Pferdes auf Dauer. Wenn wir bei der Bewegung des Pferdes angelangt sind, müssen wir auch über den »Motor« des Pferdes sprechen. Keine Angst, hier geht es nicht um Hubraum und Zylinder, sondern darum, von wo sich beim Pferd die Bewegung entwickelt. Schub, Schwung und Sprungvermögen haben ihren Ursprung in einer langlinigen Kruppenpartie. Die Bemuskelung der Hinterhand, zu der die Kruppe gehört, soll ausgeprägt und möglichst tief in Richtung des Sprunggelenkes reichen. Eine gute Behosung ist ein passender Ausdruck dafür.

In Zusammenhang mit dem Sitzkomfort müssen wir auch einen Blick auf die Fesseln der Pferdebeine werfen. Pferde mit angenehmen, weichen und schwingenden Rücken sind durch ausreichend lange, im Winkel von 45 bis 50 Grad vom Boden aus gemessene Vorderfesseln »stoßgedämpft«. Das gleiche gilt auch für die Hinterfesseln des Pferdes, die allerdings mit 50 bis 55 Grad ein wenig steiler stehen.

Die Gelenke des Pferdes sollten auf den ersten Blick klar und prägnant erscheinen. Schwammiges, galliges Gewebe in den Gelenkbereichen deutet auf Verschleiß hin. Sollten Sie den Wunsch verspüren, ein eigenes Pferd zu besitzen, ist der Rat eines Tierarztes nützlich, um die Unbedenklichkeit solcher Auffälligkeiten einzuholen.

Aufmerksam beobachten Stuten und Fohlen ihr Umfeld

▸ PROFI·TIP

▸ **Nadine Capellmann**

Wenn ich ein Pferd noch nicht kenne, strecke ich die Hand aus und nähere mich dem Pferd zunächst mit Vorsicht. Dabei spreche ich beruhigend auf das Tier ein. Erst dann beginne ich, es an der Schulter zu streicheln.

▸ Richtiger Umgang mit dem Pferd

Die erste Begegnung mit dem Pferd muß trotz aller Emotionen gut geplant sein. Beim ersten Informationsgespräch mit Ihrem zukünftigen Ausbilder müssen Sie konkret Ihre Absichten darlegen, ob Sie regelmäßig und wenn ja, wie oft in der Woche reiten möchten. Übertreiben Sie nicht gleich. Wenn Sie zweimal in der Woche eine Longen- und später eine Reitstunde nehmen, sollte dies zunächst genügen.

Auch Ihre Erfahrung mit Tieren kann von Interesse sein. Der Pädagoge unter den Reitlehrern wird auch nicht vergessen, Sie nach Ihrer Berufsausübung zu fragen, um Ihre anfängliche Belastbarkeit herauszufinden. Ob Sie tagsüber an einem Schreibtisch sitzen oder in einem Fitneß-Studio als Trainer arbeiten, kann von wesentlicher Bedeutung sein. Das Heranführen an das Pferd muß sicherlich bei beiden, dem Büromenschen und dem Trainer, mit der gleichen Ruhe, Zeit und Geduld vorgenommen werden. Wohingegen der Sportlehrer mit den gymnastischen Übungen auf dem Longenpferd wohl gleich zu Anfang keine großen Probleme haben dürfte.

Mit zu den wichtigsten Dingen beim Reitenlernen zählt der richtige Umgang mit dem Pferd, der Vertrauen zwischen Reiter und dem Tier schon beim Putzen oder Satteln schafft. Das schlimmste, was Ihnen zu Anfang passieren kann, ist das Aufkommen von Angst. Angst vor der Größe des Pferdes, vor den noch nicht einschätzbaren, daher zunächst als ungestüm und unberechenbar erscheinenden Bewegungen des Pferdes und den Reaktionen des Pferdes auf die Umwelt. Vorbeiradelnde Mitmenschen, die aus Freude an Pferden sich klingelnd bemerkbar machen, hupende Autofahrer oder bellende Hunde können ein vertrauensvolles Miteinander zerstören, bevor es überhaupt entstanden ist. Daher gilt auch hier: Vorbeugen ist besser als Heilen! Es ist besser, sich zunächst nicht in solche Situationen zu begeben und die ersten Reitstunden in ruhiger Umgebung zu nehmen. Aufgekommene Angstgefühle lassen sich nur schwer wieder abbauen.

Reiten beginnt eigentlich beim Umgang mit dem Pferd im Stall. Es ist aber gar nicht immer so einfach, dem Reitschüler zu erklären, daß die Pflege des Pferdes und das Misten der Box ein wesentlicher Bestandteil im Umgang mit dem Pferd ist und zum

Reitenlernen dazu gehört. Wenn Sie folgende Regeln im Umgang mit Ihrem Schulpferd beachten, besitzen Sie schon gute Voraussetzungen für einen harmonischen Anfang:

Ihr Pferd hat einen Namen und möchte beim Betreten der Box laut hörbar angesprochen werden. Somit rufen Sie keine unerwarteten, schreckhaften Bewegungen des Pferdes hervor, die Ihnen Angst machen könnten.

Ihr Pferd möchte Sie erst anschauen, bevor Ihre Hand die erste Berührung am Pferdekörper vornimmt. Es will nämlich erkennen, was geschieht. Pferde haben bei erhobenem Kopf unmittelbar um ihren Körper einen toten Winkel für ihre Augen.

Ihr Pferd erhält auf der flachen, inneren Handfläche mit angelegtem Daumen seine Belohnung. Für Ihre Finger besteht keine Gefahr.

Ihr Pferd wird stets mit Halfter und einem Strick mit Panikhaken geführt, wobei Sie auf der linken Seite in Schulterhöhe des Pferdes gehen. Halten Sie den Strick in der rechten Hand – aber Achtung: Wickeln Sie ihn nie um Ihre Hand. Das Pferd und Sie haben so einen genügend großen Bewegungsspielraum, und Verletzungsgefahren werden eingeschränkt.

Ihr Pferd möchte beim Führen nicht angeschaut werden. Es würde den Blickkontakt als Aufforderung zum Stehenbleiben verstehen. Pferde werden nur am Halfter angebunden, nie an der Trense und auch nicht mit einem Strick, der an der Trense befestigt ist.

Pferde bleiben bei aller Zuneigung Pferde, die in ihren vorgegebenen, angeborenen Verhaltensmustern leben und danach handeln.

Ihr Pferd wird bei Beachtung dieser Muster und einem steten, konsequenten Handeln Vertrauen zu Ihnen aufbauen und Sie respektieren.

Die erste Begegnung

Die Rangordnung spielt in der Herde eine wichtige Rolle

Das Ausdrucksverhalten des Pferdes

Die Gewohnheiten und Verhaltensweisen von Pferden kennenzulernen und das Ausdrucksverhalten bestimmen zu können, erfordert Beobachtungsgabe und Erfahrung, Reaktionen des Pferdes und Situationen richtig einordnen zu können.

Besonders beim Reitanfänger ist daher ein mehrwöchiger Lehrgang in einer guten Fachschule oder Landesreitschule zu empfehlen. Wichtig ist dabei, daß Sie auch von Anfang an mit Stalldienst in Kontakt kommen und nicht nur das gesattelte Pferd in der Reitbahn vorfinden.

Über die Pferdepflege, am Anfang unter Aufsicht, lernen Sie Pferde am besten kennen. Als Reiter kommt man in der Reitausbildung, aber auch im theoretischen Wissen und Verständnis schneller voran, wenn man über die Pflege und den Umgang mit dem Pferd dessen Verhaltensweisen und Reaktionen in bestimmten Situationen kennenlernt.

Die Partnerschaft Mensch und Tier soll wie eine Herdengemeinschaft sein. Der Mensch ersetzt das Leittier, aber immer mit dem Ziel: Harmonie zwischen Mensch und Tier.

Das Pferd können Sie am besten auf der Weide in der Herde beobachten. Dort zeigen die Tiere am deutlichsten ihr typisches Ausdrucksverhalten. Auch im Stall und bei der Arbeit muß das

Ausdrucksverhalten der Pferde berücksichtigt werden, um das Unfallrisiko so gering wie möglich zu halten.

So kann das Pferd durch die Haltung seiner Beine seine Stimmung deutlich machen. Steht es zum Beispiel bei gesenktem Kopf auf drei Beinen und entlastet das vierte, verweilt es in Ruhehaltung. Es ruht sich entweder aus oder schläft. Durch Scharren mit den Vorderbeinen dagegen will es auf sich aufmerksam machen; es hat Hunger, Durst oder auch Schmerzen. Viele Pferde versuchen auf diese Art um Futter zu betteln.

Die Stimmung des Pferdes im Stall, bei der Pflege, beim Trensen und Satteln kann man an der Haltung von Kopf, Hals, Rücken, Beinen, Schweif und am Spiel der Ohren, Augen und Lippen erkennen.

Am Spiel der nach vorne gestellten Ohren erkennen Sie Aufmerksamkeit, Neugierde, Begrüßung. Sind die Ohren zum Beispiel zur Seite gestellt, kann das auch Aufmerksamkeit bedeuten, gleichzeitig aber auch Wohlbefinden oder Unterlegenheit.

Spielerisches Kräftemessen

Sind die Ohren nach hinten gestellt, so kann das Unsicherheit, aber auch Drohung ausdrücken. Sind die Ohren flach an den Hals gelegt, bedeutet das Aggression. Eine schnell wechselnde Ohrenstellung, das Ohrenspiel, kann dem Menschen auch eine gewisse Alarmbereitschaft signalisieren.

Abwechselnde Ohrenstellung kann bei der Pflege, bei hoher Konzentration, aber auch bei Vorgängen im eigenen Körper, bei besonderer Gemütsverfassung wie Müdigkeit und Unterlegenheit vorkommen.

Bei genauer Betrachtung können Sie am Auge eines Pferdes Gutmütigkeit, Freude, Zufriedenheit, aber auch Angst, Unwohlbefinden und Streß erkennen.

Auch an verschiedenen Lippenbewegungen bringt das Pferd seine Stimmung zum Ausdruck. Vorgeschobene Oberlippe beim Putzen zum Beispiel bedeutet ein eindeutiges Wohlbefinden. Das Gegenteil ist der Fall, wenn das Pferd die Lippen zurückzieht und die Zähne zeigt. Dies ist auch ein deutliches Zeichen von Aggression und Beißdrohung.

Das Flehmen, also das Nachvorneschieben der Oberlippe, kann je nach Situation Wohlbefinden, das

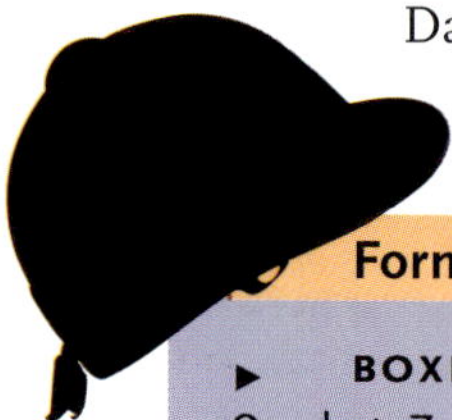

Formen der Stallhaltung

▶ **BOXENHALTUNG** Idealgröße: Doppelte Wideristhöhe im Quadrat. Zum Beispiel: Stockmaß des Pferdes 1,65 m = Boxengröße 3,30 m mal 3,30 m Grundfläche. Genügend Licht, Luft und Möglichkeiten zum Sozialkontakt müssen gegeben sein.

▶ **LAUFSTALLHALTUNG** Geeignet für Zuchtpferde und Aufzucht von Jungpferden. Guter Sozialkontakt und Bewegung sind hier möglich. Nicht geeignet für Reitpferde (Unfallgefahr zum Beispiel durch Hufbeschlag).

▶ **GRUPPENSTALLHALTUNG** Geeignet für Robust- und Freizeitpferde. Bewegung und Sozialkontakt sind im kleineren Herdenverband gegeben. Vorsicht bei hinten beschlagenen Pferden, die sich nicht kennen.

▶ **STÄNDERHALTUNG** Entspricht nicht mehr den Tierschutzrichtlinien. Bewegung und Sozialkontakt sind stark eingeschränkt. Die Ständerhaltung ist in einigen Bundesländern Deutschlands verboten.

Neugierde und Begrüßung bekunden uns diese beiden

Aufnehmen eines besonderen Geruchs, aber auch Angst oder Schmerz, wie beispielsweise bei einer Kolik, bedeuten.

Hängt der Kopf losgelassen herunter, zeigt das Pferd absolute Ruhestellung. Hält das Pferd dagegen den Kopf angespannt nach unten, kann dies Aggression bedeuten. Hohe Kopfhaltung, also Aufrichtung, bedeutet »Achtung«. Durch ruckartiges Hochwerfen des Kopfes zeigt das Pferd, daß es unruhig oder aufgeregt ist. Wiederholtes Kopfschütteln oder Kopfschlenkern zeigt eine gewisse Verärgerung.

Verschiedene Halshaltungen zeigen im Zusammenhang mit der Kopfhaltung Ruhestellung oder Aufmerksamkeit an. Ruckartiges Aufwerfen des Halses kann bedeuten, daß das Pferd sich erschrocken hat oder unzufrieden ist.

Auch die verschiedenen Positionen des Schweifes sind Stimmungsbarometer des Pferdes. Hängt der Schweif losgelassen und pendelnd herab, so bedeutet das Zufriedenheit, Zwanglosigkeit, Ruhe und Entspannung. Wird der Schweif dagegen steif und aufgestellt getragen, so zeigt das Pferd eine gespannte Körperhaltung. Eine eingeklemmte Schweifhaltung kann zum einen ein Schutzverhalten sein, aber auch Angst, Furcht und Unsicherheit bedeuten. Schweifschlagen kann Unruhe, Unsicherheit, Verspannung und Verärgerung anzeigen.

Auch während des Reitens drückt das Pferd seine Verfassung über Körpersprache aus. Wenn die Ohren des Pferdes nach vorne gestellt sind, so zeigt das Pferd eine gewisse Bereitschaft zum Mitarbeiten, ist aufmerksam und nimmt die Hilfen des Reiters entgegen.

Seitlich gestellte Ohren bedeuten Entspannung, Wohlbefinden, Bereitschaft zum Mitmachen, und auch eine gewisse Unterwerfung des Pferdes ist unverkennbar, aber immer mit einer deutlichen Harmonie zwischen Mensch und Tier. Aufmerksames, der Situation angepaßtes Ohrenspiel kann Aufmerksamkeit und Wille zum Mitmachen bedeuten.

Legt das Pferd die Ohren häufig nach hinten, während es geritten wird, so bedeutet das Unbehagen oder Ängstlichkeit. Der Einklang mit den Hilfen stimmt nicht. Sind die Ohren flach an den Hals angelegt, so zeigt das Pferd seinen Unmut, daß es mit den Einwirkungen des Reiters nicht einverstanden ist oder sie nicht verstanden hat.

Bei fehlerhaftem oder gar schmerzhaftem Einwirken des Reiters kommt es zur stärksten Form des

Gesundheitsvorsorge für Pferde

Neben artgerechter Haltung, Fütterung und Bewegung sind Impfungen in regelmäßigen Zeitabständen einzuhalten.

- **PFERDEINFLUENZA:** Grundimmunisierung plus halbjährliches Nachimpfen.
- **TETANUS:** Grundimmunisierung plus jährliche Nachimpfung.
- **TOLLWUT:** Soll einmal jährlich geimpft werden, vor allem bei Weidepferden.
- **REGELMÄSSIGE ENTWURMUNGEN:** Je nach Alter des Pferdes mehrmals jährlich, besonders aber bei Weidepferden.
- **REGELMÄSSIGE HUFPFLEGE:** Beschlagen oder Ausschneiden durch den Hufschmied, etwa alle 6 bis 8 Wochen.

Die Nüstern des gesunden Pferdes sind sauber und frei von Schleim

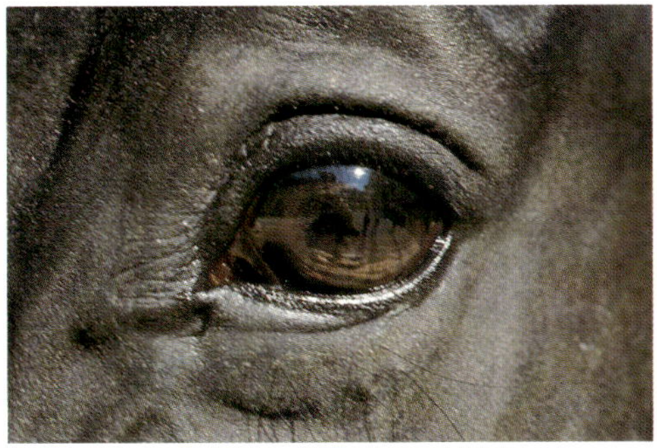

Das Auge des Pferdes gibt Aufschlüsse über sein Wesen

»Gegen-den-Zügel-Gehens«, indem das Pferd mit dem Kopf schlägt. Dies kann auch bei Rückenverspannungen des Pferdes der Fall sein. Weitere starke Unzufriedenheit mit dem Reiter kann das Pferd auch durch Knirschen mit den Backenzähnen und dem Trensengebiß deutlich machen. Ebenso stellt das seitliche Heraushängen der Zunge ein Zeichen starken Unwohlseins durch den Reiter dar. Es ist ein sehr schwer zu korrigierender Fehler, wenn es sich ein Pferd angewöhnt hat.

Auch das Schweifschlagen während des Reitens ist ein Zeichen von Unzufriedenheit. Gründe dafür können falsche, zu intensive Hilfengebung oder Überanstrengung sein. In manchen Fällen kann ein solches Verhalten auch Anzeichen für Rückenschmerzen oder Verspannungen sein, die das Pferd nur unter dem Reiter spürt.

Folgende Merkmale zeigen uns die Zufriedenheit des Pferdes unter dem Reiter:

- zufriedener Gesichtsausdruck (Ohren, Augen)
- gleichmäßig, taktmäßig schwingender Rücken
- geschlossenes, kauendes Maul
- getragener, mit der Bewegung pendelnder Schweif
- das »Abschnauben« als Zeichen äußerer und vor allem auch innerer Entspannung.

So wird der Puls am Unterkiefer gefühlt

▸ Fit fürs Reiten

Der Wunsch, Reiten zu lernen, sich im Sattel wohl zu fühlen, setzt natürlich nicht nur beim Partner Pferd ein Grundmaß an Ausbildung, Rittigkeit und Leistungsbereitschaft voraus, sondern führt nur zum Erfolg, wenn der andere Partner, nämlich Sie, eine Sportlichkeit aufweisen, die das Pferd in seinen Bewegungen unterstützt und nicht behindert.

Der Sportmediziner weiß, daß ein durch Gymnastik aufgewärmter Reiter leistungs- und reaktionsfähiger und weniger verletzungsgefährdet ist als einer, der »kalt« aufs Pferd steigt.

Aber auch die tägliche »Heimgymnastik« über zwanzig Minuten kann Gutes bewirken. Beweglichkeit in den Beinen, in den Oberschenkeln und der Hüfte sind Grundlage für einen gestreckten, tiefen Sitz. Kraft und Ausdauer in der Oberschenkelmuskulatur benötigen Sie bei der Hilfengebung, beim Leichttraben, beim Entlastungs- und Leichtem Sitz. Herz und Kreislauf müssen dafür trainiert werden.

Die Sportlehre der Deutschen Reiterlichen Vereinigung (FN) hält gute Tips von Claus Chmiel für Ihr Fitneßprogramm bereit.

Hier einige Vorschläge für Ihr Heim-Training zum Kraftaufbau:

1. Setzen Sie sich auf den Boden und winkeln Sie Ihre Beine an. Stützen Sie sich mit den Handflächen ab, und heben Sie Ihr Becken an, bis Ihre Körperhaltung die Form einer Brücke hat.
2. Legen Sie sich flach auf den Rücken, und falten Sie Ihre Hände hinter dem Kopf. Heben Sie nun Ihren Oberkörper mit rundem Rücken nach vorne, ungefähr in Sitzposition.
3. Legen Sie sich mit angewinkelten Beinen auf den Rücken. Ihre Arme bleiben mit etwas Abstand entspannt neben dem Oberkörper liegen. Nun heben und senken Sie Ihr Becken langsam.
4. Legen Sie sich auf den Rücken und strecken Sie Ihre Beine nach oben. Die Arme liegen dabei links und rechts neben dem Kopf. Senken Sie nun langsam Ihre Beine, und verharren

Joggen macht fit fürs Reiten

Fit sein fürs Reiten

- [ ] Morgendliche Fitnessübungen – Beweglichkeit ist gefragt!
- [ ] Aufwärmen durch Gymnastik vor dem Reiten – Lassen Sie die anderen nur schmunzeln!
- [ ] Der Trimm-Dich-Pfad ruft – Waldlauf mit oder ohne Hund
- [ ] Konditionstraining im Sportverein – Kraft und Ausdauer sind Trumpf!
- [ ] Ausgleichssport für Reiterinnen und Reiter – Reaktionstraining durch Volley- und Basketball

so kurz vor dem Boden. Dann die Beine langsam, jedoch ohne ein Hohlkreuz zu machen, wieder anheben.

Alle Übungen werden in der Endphase 15 Sekunden gehalten. Die Vor- und Rückbewegungen erfolgen langsam und gleichmäßig. Wenn Sie Ihre Beweglichkeit verbessern möchten, dann probieren Sie doch einmal folgende Einzelübungen:

1. Legen Sie sich flach auf den Rücken, und hocken Sie Ihre Beine abwechselnd an. Halten Sie das Knie kurz mit den Händen umschlossen, während Sie das Bein dehnen.

2. Legen Sie sich mit angewinkelten Beinen auf den Rücken. Ihre Arme bleiben mit etwas Abstand entspannt neben dem Oberkörper liegen. Nun heben und senken Sie Ihr Becken langsam.

3. Setzen Sie sich auf die Knie, falten Sie Ihre Hände hinter dem Kopf, und machen Sie einen runden Rücken. Strecken Sie den Oberkörper langsam in die Senkrechte. Anschließend senken Sie ihn wieder bis zur Ausgangsstellung.

4. Stellen Sie sich gerade hin, mit einem Bein etwas weiter nach vorne. Beugen Sie Ihren Oberkörper so weit vor, bis er ungefähr parallel zum Boden ist. Strecken Sie Ihre Arme nach vorne, und achten Sie darauf, daß Sie weder einen runden Rücken noch ein Hohlkreuz machen.

Diese Übungen werden langsam gesteigert und in der Endphase 20 Sekunden gehalten.

Die Ausrüstung des Reiters

Der wichtigste Bestandteil der Ausrüstung des Reiters ist die Reitkappe mit Vierpunktbefestigung und Kinnschutz.

Zur Grundausstattung des Reiters gehören neben der Reitkappe die Reithose, die Reitstiefel und eventuell noch Reithandschuhe.

Bei den Reithosen kann man zwischen Reithosen mit Knieleder- oder Vollederbesatz wählen. Bei den Stiefeln gibt es Gummi- und Lederreitstiefel. Vor allem für Kinder, die schnell wachsen und ständig neue Stiefel brauchen, sind Gummireitstiefel ausreichend und auch praktisch, da sie wesentlich pflegeleichter sind als Lederreitstiefel.

Die Reitstiefel, egal welcher Art, sollten sich dem Bein anpassen und bis in die Kniebeuge gehen. Es ist sehr wichtig, sie passend zu kaufen. Sie sollten sich beim Kauf der Stiefel im Fachgeschäft beraten lassen.

Gegen feuchte Hände und zum Schutz vor Blasen an den Händen sind Reithandschuhe nützlich. Auf Turnieren ist das Tragen von Handschuhen ein ungeschriebenes Gesetz, besonders in Dressurprüfungen, da dies einem schöneren Erscheinungsbild dient. Es gibt verschiedene Arten von Handschuhen:

Pferd und Reiter korrekt ausgerüstet

Kosten der Grundausrüstung

Reitkappe	ca. 30 bis 80 €
Reithose mit Knielederbesatz	ca. 40 bis 80 €
Vollederbesatzhosen	ca. 60 bis 170 €
Reitstiefel aus Gummi	ca. 20 bis 40 €
Lederstiefel	ca. 200 bis 350 €
Reithandschuhe	ca. 15 bis 30 €
Reitgerten	ca. 7 bis 15 €

Lederhandschuhe, die strapazierfähiger, haltbarer, aber auch teurer sind, und Handschuhe aus Stoff, deren Handfläche mit Plastiknoppen überzogen ist, damit sie griffiger sind.

Weiterhin gehört zur Ausrüstung des Reiters die Reitgerte. Es gibt hier verschiedene Längen, kurze für die Springstunde, längere für Dressur, wobei für den Reitanfänger eine Länge von 1 – 1,10 m angemessen ist.

Der Einsatz von Sporen ist erst richtig und sinnvoll, wenn der Reiter seinen Körper auf dem Pferd in allen drei Grundgangarten sicher unter Kontrolle hat. Die Aufforderung, sich Sporen zu kaufen und einzusetzen, sollte auf jeden Fall vom Reitlehrer ausgehen und nicht vom Reitanfänger selbst entschieden werden. Genauso wichtig ist, daß der Reitlehrer Sie berät und die passenden Sporen aussucht.

Übrigens ist das Tragen einer splittersicheren Sturzkappe sowie fester Schuhe mit Absätzen auch versicherungsrechtlich vorgeschrieben. Ist man bei einem Unfall zu Schaden gekommen und nicht vorschriftsmäßig ausgerüstet, ist die Wahrscheinlichkeit hoch, daß die Versicherung die Leistung verweigert.

Manche Reiter tragen anstatt Reithosen und Stiefel auch Jodhpurhosen. Das sind lange, anliegende Reithosen, zu denen man Stiefeletten trägt. Das mag bequem sein, aber das Tragen von Stiefeln verhilft gerade dem Reitanfänger zu einem besseren und sicheren Sitz mit ruhigen Unterschenkeln.

PROFI·TIP

Nadine Capellmann

Ich striegele das Pferd zuerst gründlich, danach putze ich mit einer weichen Bürste weiter. Für Kopf und Beine benutze ich natürlich eine Extra-Bürste. Grundsätzlich werden meine Pferde auch noch einmal nach dem Reiten geputzt.

Putzen und Pflegen

So sieht der sichere Anbindeknoten aus

Bevor Sie das Pferd aus der Box holen, denken Sie an das ruhige Ansprechen des Pferdes, das Klopfen und Streicheln an Kopf und Hals. Dann erst legen Sie ihm ein stabiles Halfter um, das Sie nicht grob und ruckartig über die Ohren ziehen. Pferde können in diesem Bereich sehr empfindlich sein. Zum Herausführen des Pferdes öffnen Sie die Boxentür so weit wie möglich. Das Pferd wird nicht am Halfter, sondern am Führstrick mit Panikhaken zum Putzplatz gebracht. Nicht immer steht dafür ein Platz im Freien zur Verfügung.

ANBINDEN Sollte das Pferd auf der Stallgasse geputzt werden, muß es beiderseits mit Stricken an den vorgesehenen Anbinderingen mit einem leicht zu lösenden Knoten angebunden werden. Die gewünschte Breite der Stallgasse beträgt 2,50 m bis 3,00 m. Findet die Pflege des Pferdes aus betrieblichen Gründen in der Box statt, wird das Pferd in der Mitte der Boxenvorderseite mit Blick zur Stallgasse angebunden. Bewegliche Teile wie Boxentüren sind keine geeigneten Anbindevorrichtungen und äußerst gefährlich. Hochbetrieb auf der Stallgasse durch Reitschüler, der Besuch des Tierarztes oder Hufschmiedes können Gründe für die Pflege in der Box sein. Doch wo es die Organisation und die Räumlichkeiten des Betriebes erlauben, sollte das Putzen und Pflegen aus hygienischen Gründen außerhalb der Box stattfinden.

PUTZUTENSILIEN In einem gut geführten Stall hat jedes Pferd seinen eigenen Putzkasten oder -sack. Darin finden Sie als »Standardausstattung« Striegel und Kardätsche, Mähnenbürste und Mähnenkamm, Wurzelbürste und Hufkratzer, jeweils einen Schwamm für Kopf und After des Pferdes und einen Wollappen. Huffett mit Bürste, Schweißstriegel oder -messer werden meist an einem zentralen Ort aufbewahrt. Doch bremsen Sie Ihren Putz- und Pflegeeifer noch. Lassen Sie Ruhe einkehren, denn Pferde spüren Streß sehr deutlich, und klopfen Sie erst einmal wieder an Hals und Rücken, und bauen Sie das notwendige Vertrauen für Ihre nachfolgenden Arbeiten auf.

HUFE AUSKRATZEN Gerade das Auskratzen und Reinigen der Hufe des Pferdes mit dem Hufkratzer als erste Pflegemaßnahme ist eine Arbeit, zu der Sie Vertrauen und die Bereitwilligkeit des Pferdes zur Mitarbeit brauchen. Das Aufheben der Hufe geschieht immer von der Seite und mit Gesicht zur Hinterhand des Pferdes. Heben Sie nun mit der dem Pferd zugewandten Hand den Fuß im Bereich der Fessel bei gut angewinkelten Gelenken auf. In der anderen Hand befindet sich der Kratzer zum Säubern der Hufe. Dabei beginnen Sie immer in der gleichen Reihenfolge: vorn links und hinten links, vorn rechts und hinten rechts.

STRIEGELN Mit dem Striegel werden die bemuskelten Fellpartien des Pferdes aufgerauht. Sie beginnen wieder links vorn und arbeiten sich nach hinten durch. Das gleiche dann auf der rechten Seite. Kopf, Gliedmaßen und die Gegend um die Hüften sollten Sie mit dem Striegel nicht berühren. Verletzungen und eine nicht wieder abzubauende Angst und Abwehr des Pferdes können die Folgen sein. Halten Sie sich beim Putzen immer an der Seite des Pferdes auf, auch beim Hinterteil des Pferdes.

BÜRSTEN Mit langen Strichen der nun hinzugezogenen Kardätsche (linke Seite, linke Hand) und kurzem Abstreifen am Striegel (linke Seite, rechte Hand) beginnen Sie nun eine Übung, die bereits Reitergenerationen bis zur Verzweiflung betrieben haben. Vor allem das Ausklopfen des mit Pferdestaub gefüllten Striegels auf dem Stallgassenboden vor der Box war ein »festlicher« Akt. In Worten »neun« derartige Striegelmuster mußten pro Pferdeseite ausgeklopft werden. Täuschungsmanöver, wie etwa Kalk von den Stallwänden abzukratzen, wurden früher bei der Kavallerie leicht durchschaut und drakonisch bestraft. Mit der

Vor und nach dem Reiten: Hufe auskratzen gehört dazu

Die Straßenverkehrsordnung der Reitbahn

▶ **EIN- UND AUSFAHRTEN** – Betreten und Verlassen der Reitbahn
Die Worte »Tür frei« sind unaufgefordert vor Betreten oder Verlassen der Reitbahn laut zu rufen.
Die Antwort »Tür ist frei« ist unbedingt vor Betreten oder Verlassen der Reitbahn abzuwarten.

▶ **PARK- UND RASTPLÄTZE** – Auf- und Absitzen
Auf- und abgesessen wird auf der Mittellinie oder in der Mitte des Zirkels.

▶ **VERMEIDUNG VON AUFFAHRUNFÄLLEN** – Sicherheitsabstände
Sicherheitsabstände zu anderen Pferden sollten 2.50 m (drei Schritte) betragen.

▶ **ÜBERHOLSPUR FREI MACHEN** – Schrittreiten
Der direkt an der Bande (1. Hufschlag) oder durch die Arbeitslinien vorgegebene Hufschlag wird vom schrittreitenden Reiter den trabenden oder galoppierenden Reitern freigegeben. Das Durchparieren zum Schritt oder Halten wird nur auf dem 2. Hufschlag durchgeführt.

▶ **KREISVERKEHR** – Zirkel reiten
Reiter auf dem 1. Hufschlag haben Vorfahrt. »Ganze Bahn« geht vor »Zirkel«.

▶ **VORFAHRT BEACHTEN** – Reiten auf beiden Händen
Der Reiter auf der linken Hand bleibt auf dem Hufschlag.
Befinden sich mehrere Reiter in der Reitbahn, so muß der Reiter, der sich auf der rechten Hand befindet, dem entgegenkommenden Reiter ausweichen.

▶ **OFF ROAD DRIVING** – Springen in der Reitbahn
Springen außerhalb des Unterrichts ist nur in Absprache mit den übrigen Reitern in der Bahn erlaubt. Die Worte »Sprung frei« sind laut zu rufen.

▶ **FAHREN MIT ANHÄNGER** – Longieren in der Reitbahn
Bei mehr als drei Reitern in der Reitbahn ist das Longieren untersagt.

▶ **SPEZIALKURSE FÜR RALLEYFAHRER** – Unterricht außerhalb der Reitstunden
Privater Reitunterricht außerhalb der geregelten Reitstunden muß mit dem Reitlehrer oder Betriebsleiter abgesprochen werden.

▶ **HUPEN VERBOTEN** – Lärm in der Reitbahn
Laute Unterhaltung, Peitschenknallen und andere störende Geräusche sind in der Reitbahn zu unterlassen.

▶ **PARKEN** – Freilaufenlassen von Pferden in der Reitbahn
Pferde dürfen nur beaufsichtigt in der Reitbahn freilaufen gelassen werden und nicht gleichzeitig mit Reitern in der Bahn.

▶ **MITFÜHREN VON FAHRGÄSTEN UND HUNDEN** – Aufenthalt von Zuschauern
Pferdebesitzer und Zuschauer mit oder ohne Hund haben keinen Stammplatz in der Reitbahn, sondern nehmen auf der Tribüne Platz.

Kardätsche in der rechten Hand und dem Striegel in der linken folgt nun die gleiche Zeremonie auf der rechten Pferdeseite. Mit der Kardätsche werden beiderseits auch Kopf, Gliedmaßen und Hüftbereich geputzt. Das Putzen ist eine in vielerlei Hinsicht wertvolle Maßnahme: Ihr Pferd braucht dies zum Reinigen des Felles und der Haut, als Massage für Haut und Muskelpartien, kurz zu seinem Wohlbefinden.

Bleibt noch zu klären, wofür die beiden Schwämme sind. Einmal am Tag müssen mit dem einen Schwamm Augenränder, Nüstern und Maulspalten und mit dem anderen die Gegend um Schweifrübe und After gesäubert werden. Der Schweif wird mit der Hand verlesen. Stroh im Schweif Ihres Pferdes wird mit strafenden Blicken des Reitlehrers geahndet. Die Mähnenhaare werden mit der Bürste und etwas Wasser gesäubert. Dem Schutz der Pferdebeine im Bereich der Röhren und Fesselköpfe gegen Verletzungen durch Stöße, Schläge oder gegenseitiges Streichen dienen Gamaschen aus Filz, Leder oder Plastik. Sie müssen darauf achten, welche für die Vorder- oder Hinterbeine bestimmt sind. Wenn die Verschlüsse und Schnallen außen sind und nach hinten zeigen, haben Sie die Problematik mit links und rechts erkannt. Können bandagieren die Pferdebeine. Bandagen müssen glatt und gleichmäßig über Röhre und Fesselkopf gewickelt sein.

Nüstern säubern gehört zur täglichen Pflege

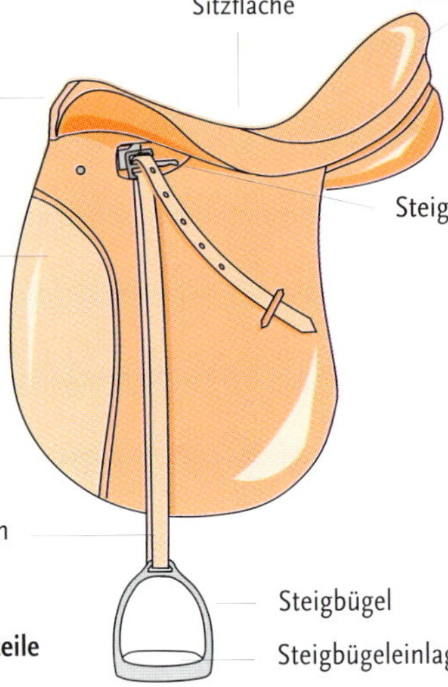

Die Bestandteile des Sattels

▸ Satteln und Aufzäumen

Beim Satteln wie auch schon beim vorausgegangenen Putzen kann der Reiter die Tageslaune des Pferdes erkennen. Das Pferd sollte aus Sicherheitsgründen zum Satteln angebunden werden. Pferde, die immer im Schulbetrieb gehen, sind aufgrund der unterschiedlichen, nicht immer so einfühlsamen Behandlung durch die vielen verschiedenen Reitschüler oftmals nicht so einfach beim Satteln. Wichtig ist, daß Sie das Pferd, bevor der Sattel aufgelegt wird, laut und deutlich, am besten mit seinem Namen, ansprechen. Nachdem das Pferd durch die Stimme darauf aufmerksam gemacht worden ist, daß der Reiter mit dem Sattel kommt, wird der Sattel vorsichtig von vorne über den Widerrist gelegt und in Richtung des Haarkleides in die richtige Position auf den Rücken des Pferdes geschoben. Nachdem der Sattel in die richtige Lage gebracht worden ist, gehen Sie vorne unter dem Hals des Pferdes auf die andere Seite des Pferdes, nehmen vorsichtig den Sattelgurt herunter, überprüfen, ob die Satteldecke richtig liegt und ob der Gurt nicht verdreht ist. Sie lassen ihn dann einfach rechts herunterhängen und gehen wieder unter dem Hals durch auf die andere Seite des Pferdes. Dort nehmen Sie den Sattelgurt unter der Brust des Pferdes durch und befestigen ihn zuerst an der vorderen Gurt-

Aufgesattelt wird von links

Behutsames Auflegen des Sattels von der linken Seite

Kontrollieren des Sattelgurtes vor dem Angurten

Falsch: Zuerst muß vorne angegurtet werden

strippe und danach an der hinteren. Zunächst wird der Sattel nur leicht angegurtet, damit er nicht rutschen kann. Die Satteldecke wird oben über dem Widerrist eingekammert, damit der Widerrist Platz hat und nicht durch eine eng aufliegende Satteldecke beim Reiten Satteldruck bekommt. Zwischen Ellenbogengelenk und Sattelgurt soll eine Handbreit Zwischenraum sein. Ist dieser Abstand zu klein, stört der Sattelgurt das Pferd in der Bewegung.

Steht das Pferd nun angebunden in der Box oder auf dem Sattelplatz, ist der nächste Schritt das Auftrensen. Genauso wie beim Satteln ist es beim Auftrensen wichtig, daß Sie am Anfang Unterstützung vom Reitlehrer bekommen. Beim Auftrensen sollten Sie vorsichtig sein, da Pferde am Kopf empfindlich reagieren. Bei Pferden, die sich gegen das Auftrensen wehren, indem sie den Kopf sehr weit nach oben strecken oder das Maul nicht aufmachen, hat der Reitanfänger meistens große Schwierigkeiten. Deswegen ist hier von besonderer Bedeutung, daß in der richtigen Reihenfolge vorgegangen wird und die einzelnen Teile der Trense bekannt sind und richtig in der Hand gehalten werden.

Als erstes wird dem Pferd der Zügel über den Hals gelegt, dann kann man das Stallhalfter abnehmen. Der über dem Hals liegende Zügel ist die Sicherheit, daß das Pferd nicht wegläuft. Wenn in der Box aufgezäumt wird, kann man auch vorsichtshalber die Tür schließen. Sie stellen sich nun auf die linke Seite des Pferdehalses, das Genickstück der Trense halten Sie in der rechten Hand. Ebenfalls in der rechten Hand hält man noch den Nasenriemen bzw. Sperriemen. Die linke Hand führt das Trensengebiß an die Lippen des Pferdes. Dann greifen Sie vorsichtig mit dem Daumen in die Maulspalte des Pferdes, so daß das Pferd sein Maul öffnet und Sie das Gebiß hineinschieben können. Gleichzeitig geht die rechte Hand mit dem Genickstück nach oben, das Reithalfter wird vorsichtig losgelassen und das Genickstück zuerst über das rechte und dann über das linke Ohr gestreift. Schopf und Mähne werden dabei säuberlich getrennt.

Im Reitbetrieb tragen die Schulpferde meist dieselbe Trense, das heißt, man kann davon ausgehen, daß die Trense dem Pferd angepaßt ist. Ist das nicht der Fall, so muß die Trense natürlich noch verschnallt werden. Hier sind vor allem die Backenstücke zu beachten. Diese müssen so verschnallt werden, daß das Trensengebiß die Maulwinkel des Pferdes nicht stark hochzieht, sondern nur anliegt. In den Maulwinkeln dürfen dabei zwei bis drei Falten entstehen. Beim Reithalfter kommt es darauf an, um welche Form es sich handelt. Es gibt das englisch kombinierte und das Hannoversche Reithalfter. Welches der beiden verwendet wird, sollte keine Modesache sein. Das Reithalfter sollte zur Kopfform des Pferdes und vor allem zur Länge seiner Maulspalte passen. Haben Pferde einen sehr edlen Kopf und eine lange Maulspalte, eignet sich das Hannoversche Reithalfter ausgezeichnet. Bei breiterem Kopf und kürzerer Maulspalte ist ein englisch kombiniertes Reithalfter zu bevorzugen. Bei der Verschnallung des Hannoverschen Reithalfters ist darauf zu achten, daß der Nasenriemen etwa vier Finger breit über dem oberen Rand der Nüstern liegt. Liegt er weiter unten, ist das Pferd in der Atmung eingeschränkt. Der Kinnriemen sollte so fest verschnallt werden, daß noch zwei Finger darunter passen.

Das englisch kombinierte Reithalfter wird so verschnallt, daß es etwa einen Finger breit unter dem Ende des Jochbeins liegt. Die Lage des Sperriemens ergibt sich dann von selber, weil er am Reithalfter befestigt ist. Das Reithalfter sollte fest anliegen, unter

Zuerst das Gebiß in das Maul legen ...

den Sperriemen sollten noch ein bis zwei Finger Platz haben.

Nachdem Sie alles richtig verschnallt haben, überprüfen Sie, ob nichts eingeklemmt ist und der Schopf und die Ohren zwischen Genickstück und Stirnriemen herausschauen. Stirnriemen, Gebiß und Genickstück sind die einzigen Teile, die nicht zu verschnallen sind. Alle anderen Riemen können eingestellt oder individuell verstellt werden.

Das kombinierte Reithalfter

Steht das Pferd nun gesattelt und getrenst in der Box oder auf der Stallgasse, sollte es nicht mehr alleingelassen werden, weil es sonst in den Trensenzügel treten kann. Bevor Sie das Pferd nun in die Reithalle oder auf den Reitplatz führen, wird der Zügel vom Hals genommen und geordnet in die rechte Hand gelegt. Vor dem Aufsitzen wird noch einmal nachgegurtet. Dazu werden die Zügel über den Hals gelegt und der linke Zügel in die Armbeuge genommen, damit das Pferd beim Nachgurten nicht weglaufen kann.

Nachdem das Pferd gesattelt und gezäumt ist, sollte der Reitlehrer alles noch einmal überprüfen und entscheiden, ob noch Ausbindezügel eingeschnallt werden müssen. Beim Reiten an der Longe, was in den ersten Stunden üblicherweise der Fall ist, muß noch die Longierausrüstung angebracht werden. Dazu gehören die Longe und zum richtigen Ausbinden des Pferdes spezielle Ausbindezügel. Die Ausbindezügel werden zunächst am jeweiligen Ende zusammengeschnallt und über den Hals des Pferdes

dann das Genickstück über die Ohren streifen

Wichtig ist auch, Schopf und Mähnenhaare zu teilen

Fertig aufgetrenst bei korrekter Zügelhaltung

Richtig verschnallter Kinnriemen

So paßt das Reithalfter

gelegt. Sie werden erst vor dem Aufsitzen des Reiters an den Trensenringen befestigt. Das Pferd wird dann in die Reithalle oder auf den Reitplatz geführt. Wenn andere Reiter in der Halle oder auf dem Platz sind, macht der Reiter sich durch den Ausruf »Tür frei, bitte!« bemerkbar. Wenn er die Antwort »Tür ist frei« erhält, kann er die Bahn betreten. Er stellt sich entweder in der Mitte eines Zirkels oder auf der Mittellinie mit Blick in Richtung Ausgang auf.

Die Reitkappe setzen Sie am besten schon im Stall auf und ziehen auch gleich die Handschuhe an. Die Reitgerte hält man beim Führen des Pferdes und beim Aufsitzen in der linken Hand. Oft kann beobachtet werden, daß Reiter die Gerte in den Stiefel stecken oder unter das Sattelblatt klemmen. Das Pferd kann sich dadurch erschrecken, und der Reiter ist durch die Gerte im Stiefel beim Gehen behindert. Die Reitbahn wird üblicherweise in der Gruppe betreten. Die Steigbügel sind bereits im Stall in der richtigen Länge verschnallt worden. Nun wird noch einmal der Sattelgurt überprüft und auf die Anweisung des Reitlehrers gewartet.

▸ Das Auf- und Absitzen

Aufgesessen wird immer von der linken Seite. Der Reiter dreht sich mit der linken Schulter zur Schulter des Pferdes. Die linke Hand hält beide Zügel und eventuell eine Aufsitzhilfe in Form eines Riemens am Sattel fest. Die rechte Hand dreht den Bügel so zu sich her, daß der linke Fuß in den Bügel gestellt werden kann.

Ist der Fuß im Bügel, greift die rechte Hand an den hinteren Rand des Sattels. Nun stößt sich der Reiter mit dem rechten Fuß kräftig ab, schwingt ihn über das Pferd und setzt sich vorsichtig in den Sattel. Das energische Abstoßen mit dem rechten Fuß ist wichtig, damit Sie beim Aufsitzen nicht mit dem rechten Bein am Pferd hängenbleiben oder es auf der Kruppe streifen. Sitzen Sie im Sattel, nehmen Sie sofort den rechten Bügel auf. Die Zügel werden geteilt: rechter Zügel in die rechte Hand, linker Zügel in die linke Hand.

Wenn sich das Pferd am Ende der Reitstunde entspannt hat, kann der Reiter absitzen. Zum Absitzen nehmen Sie die Zügel und die Gerte in die linke Hand, ziehen den rechten Fuß aus dem Steigbügel heraus, stützen sich mit der rechten Hand auf dem Sattel auf, schwingen das rechte Bein vorsichtig über die Kruppe auf die linke Seite, gehen mit dem linken Fuß auch aus dem Bügel und lassen sich sanft auf den Boden gleiten. Nun werden die Steigbügel auf der unteren Hälfte des Steigbügelriemens hochgeschoben und der Riemen durch den Steigbügel gesteckt.

Abkühlen der Sehnen nach dem Reiten

▸ Nach dem Reiten

Ist das Pferd wieder in seiner Box, wird zuerst abgesattelt, indem der Sattelgurt vorsichtig gelöst wird, ohne daß er an die Pferdebeine schlägt. Die Trense sollten Sie nach dem Absatteln abnehmen. Abgetrenst wird, indem Sie auf beiden Seiten die Trense in Höhe des Genickstücks anfassen und vorsichtig über die Ohren streifen. Danach werden die Hufe ausgekratzt und das Fell mit der Wurzelbürste glatt gebürstet. Hat das Pferd sehr geschwitzt, kann aber nicht abgewaschen werden, sollte es mit frischem Stroh trocken gerieben werden. Besonders wichtig ist dabei der Bereich hinter der Sattellage, der sogenannte Lendenbereich. Bleibt dieser feucht, kann sich das Pferd dadurch sehr leicht erkälten.

Sitz und Hilfen

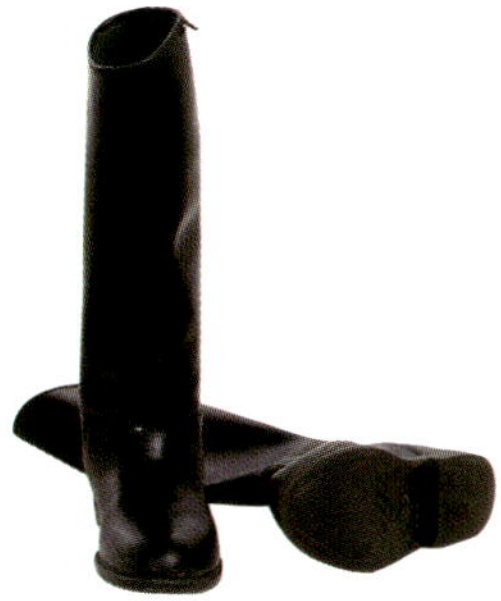

Der Sitz des Reiters hatte in der klassischen Reitkunst schon immer große Bedeutung.

Die ersten überlieferten Schriften über den Umgang und das Reiten mit dem Pferd stammen aus der Antike. Xenophon (430 bis 354 v. Chr.) schrieb über die Reitkunst und die Bedeutung des Sitzes. Der Sitz des Reiters war einer steten Weiterentwicklung unterworfen. Wurde beispielsweise noch vor 1900 mit relativ langem Bügel und aufrechtem Oberkörper über Hindernisse gesprungen, vollzog sich durch die Erkenntnisse Federico Caprillis (1868–1907) eine entscheidende Wandlung des Springstils. In Deutschland fand dieser neue Stil, der leichte Sitz, am Anfang nur schwer Anklang. Einer der Verfechter dieses neuen Springstils war Edwin Graf Rotkirch, damals Leiter der Kavallerieschule Hannover, der über zwanzig Jahre nach den Erfolgen Caprillis den Sitz auch in Deutschland populär machte.

Es gibt nur dann Harmonie zwischen Reiter und Pferd, wenn der Reiter einen unabhängigen, ausbalancierten Sitz hat und damit die Schwerpunkte von Reiter und Pferd möglichst nahe zusammenkommen.

Reiten heißt fühlen

40 ▶ Der richtige Sitz
46 ▶ Sitzübungen an der Longe
52 ▶ Zügelhaltung
54 ▶ Die Gangarten
63 ▶ Zusammenspiel der Hilfen
67 ▶ Phasen einer Reitstunde
70 ▶ Lösende Übungen
74 ▶ Takt und Losgelassenheit
78 ▶ Anlehnung und Schwung

▶ Der richtige Sitz

Der Sitz des Reiters ist die Grundlage der reiterlichen Einwirkung und der Harmonie zwischen Pferd und Reiter. Nur aus einem richtigen Sitz heraus ist der Reiter in der Lage, sich jederzeit mit den Bewegungen des Pferdes im Einklang zu befinden. Gerade diese Bewegungsharmonie zwischen Mensch und Pferd ist es, die das Reiten zu einem faszinierenden Erlebnis werden läßt. Der richtige Sitz gibt dem Reiter aber auch ein hohes Maß an Sicherheit, sowohl in der Reitbahn als auch in der freien Natur. Für einen guten Sitz braucht der Reiter bestimmte Fähigkeiten. Dazu gehören Gleichgewicht, Balance (falsch ist es, wenn man sich mit verstärktem Knieschluß auf dem Pferd halten möchte) und Geschmeidigkeit, die sehr stark vom Alter des Reiters abhängig ist. Das beginnt schon beim Aufsitzen: Der geschmeidige Reiter kommt leicht hoch und setzt sich weich in den Sattel. Zusätzlich gehören Körperkontrolle und Bewegungsgefühl dazu, für welches ein losgelassener Sitz und eine angstfreie Zwanglosigkeit Voraussetzung sind.

DER DRESSURSITZ Auch als Grundsitz bezeichnet, ist der Dressursitz die Basis aller nachfolgenden Sitzarten und gerade beim Reitanfänger eines der ersten wichtigen Lernziele.

DER LEICHTE SITZ Hier wird der Pferderücken vermehrt entlastet wie beim Reiten im Gelände und über Hindernisse. Eine gute Übung dafür ist das Reiten über Cavalettis.

DER RENNSITZ Er wird erst beim Reiten im hohen Tempo eingenommen. Der Pferderücken wird dabei vollkommen entlastet. Um so ausbalanciert sitzen zu können, muß der Reiter schon weit fortgeschritten sein.

Im Dressursitz schwingt der Reiter elastisch mit den Bewegungen des Pferdes mit, ohne sich zu verkrampfen. Er sitzt aufrecht und gestreckt, so daß ein von der Schulter über das Hüftgelenk gefälltes Lot auch das Fußgelenk trifft. Das Gesäß ruht im tiefsten Punkt des Sattels, und das Gewicht ist auf beide Gesäßhälften und die innere Oberschenkelmuskulatur gleichmäßig verteilt. Die Oberschenkel sind leicht nach innen gedreht, und das Knie liegt flach am Sattel, ohne angepreßt zu werden. Es ist so weit gewinkelt, daß sich das Fußgelenk unter dem Gewicht des Reiters befindet. Die richtige Winkelung im Knie wird durch das korrekte Bügelmaß erreicht. Dazu sollten die Bügel am Anfang nicht zu lang sein, damit sie der Anfänger nicht verliert. Die Unterschenkel liegen etwa eine Handbreit hinter dem Sattelgurt und halten mit der Innenseite weiche Fühlung mit dem Pferdeleib. Die Füße ruhen in natürlicher Haltung in den Steigbügeln, annähernd parallel zum Pferdekörper. Dies ist eine wichtige Voraussetzung, falls man später einmal mit Sporen reiten möchte.

Ziel ist der gefestigte Grundsitz

Sitzfehler: Der Stuhlsitz

Sitzfehler: Reiterin knickt in der Hüfte ein

KÖRPERHALTUNG In der Bewegung federt das Fußgelenk im Takt der Bewegung etwas nach unten durch. Der Absatz soll dadurch zum tiefsten Punkt des Reiters werden. Das elastische Federn von Hüft-, Knie- und Fußgelenk ist für den losgelassenen und ruhigen Sitz von besonderer Bedeutung. Dies gilt nicht nur für das Reiten im Trab, sondern ebenso für das Reiten im Galopp. Die Schultern werden natürlich und zwanglos gehalten und so weit zurückgenommen, daß sich der Brustkorb leicht wölbt, ohne daß ein Hohlkreuz entsteht. Der Kopf wird frei und aufrecht getragen mit Blick zwischen den Pferdeohren hindurch.

ARMHALTUNG Die Oberarme hängen zwanglos aus der Schulter herab und sind etwas vor der Senkrechten. Die Unterarme lehnen sich mit den Ellenbogengelenken leicht an den Oberkörper an.

HANDHALTUNG Die Hände können beim Reitanfänger leicht am Pferdehals anliegen, sie werden später, wenn sie unabhängig vom Sitz sind, aufrecht eine Handbreit über dem Widerrist getragen. Die Handrücken zeigen nach außen, und die Daumen liegen dachförmig oben auf dem Zügelende. Feine Zügelhilfen aus dem Handgelenk, das sogenannte Schwamm-Ausdrücken, sind nur möglich, wenn Unterarm, Zügel und Pferdemaul eine gerade Linie bilden.

Alle Zügelhilfen müssen unabhängig von den Bewegungen des Körpers gegeben werden. Dazu muß der Reiter in der Hüfte mitschwingen können, was auch als leicht angespanntes Kreuz bezeichnet wird. In der Bewegung hebt und senkt sich der Pferderücken, und der Reiter folgt dieser Bewegung, indem er seine Bauch- und Gesäßmuskulatur automatisch an- und abspannt, das heißt, wenn sich der Rücken des Pferdes senkt, ist die Rumpfmuskulatur entspannt, das Becken befindet sich in Normalstellung; hebt sich der Pferderücken, so wird die Muskulatur angespannt, wodurch der untere Beckenrand leicht nach vorne gekippt wird. Der elastisch sitzende Reiter kann sich so der jeweiligen Gangart und dem Tempo anpassen. Im Dressursitz wird die Haltung des Reiters kaum verändert. Sie ist in der lösenden Arbeit genauso wie in der versammelnden.

WICHTIG: Für einen guten Dressursitz muß der Reiter in der Hüfte locker mitschwingen, die Senkrechte über Schulter, Hüfte und Absatz einhalten und aus dem Sitz unabhängige Zügelhilfen geben lernen.

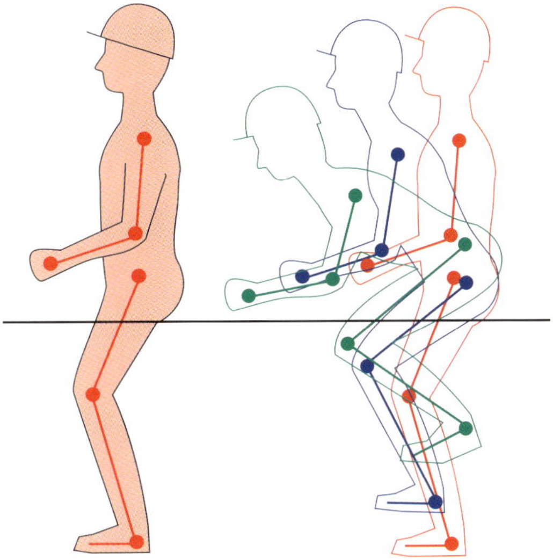

Die Entwicklungsstufen des Sitzes

Das Leichttraben

Um den Einfluß des Reiters auf den Pferderücken zu vermindern, muß auch leichtgetrabt werden. Der Reiter erhebt sich je einen Trabtritt aus dem Sattel und nimmt erst beim folgenden Trabtritt

Entwicklungsstufen des Sitzes

▸ **GRUNDSITZ** Auch Dressursitz genannt.
Schwerpunktlinie Ohr, Schulter, Hüfte, Absatz.
= Basis aller nachfolgenden Sitzformen.
Besonders wichtig beim Reitanfänger.

▸ **LEICHTER SITZ** Aus dem Dressursitz entwickelt sich der leichte Sitz.
Schwerpunktlinie: Schulter, Knie, Absatz.
Die Steigbügel werden im Gegensatz zum Dressursitz zwei bis drei Löcher kürzer geschnallt. Die Schwerpunktverlagerung geschieht durch Abknicken in der Hüfte nach vorne.

▸ **SPRINGSITZ** Er ist die höchste Form des leichten Sitzes. Die Bügel werden nochmals je nach Größe und Ausbildungsstand des Reiters verkürzt.

▸ **RENNSITZ** Wird ausschließlich im Galopp und nur von erfahrenen Reitern für die Teilstrecke Rennbahn innerhalb einer Vielseitigkeitsprüfung verlangt.

PROFI·TIP

Nadine Capellmann

Wenn man keinen Spiegel hat und keinen Trainer, der einen korrigiert, sind Videoaufnahmen von Zeit zu Zeit sehr hilfreich. Man kann dann den eigenen Sitz mit dem Sitz im Lehrbuch vergleichen.

wieder im Sattel Platz. Beim Aufstehen entfernt sich das Gesäß nur so weit aus dem Sattel, wie es sich aus dem schwingenden Rücken des Pferdes ergibt. Knie, Unterschenkel und Absatz sollten dabei in der gleichen Lage bleiben. Ein ganz leicht vornübergebeugter Oberkörper kann vor allem am Anfang besser für den harmonischen Bewegungsablauf sein als ein zu steifes Aufstehen. Deshalb sollten auch die Bügel nicht zu lang geschnallt sein.

Der leichte Sitz

Am besten übt der Einsteiger den leichten Sitz im Spring- oder Vielseitigkeitssattel. Die Bügel werden dabei mindestens zwei bis drei Loch kürzer geschnallt als im Dressursitz. Für das Springen oder Geländereiten ist es erforderlich, die Bügel drei bis vier Löcher zu kürzen. Das ist aber auch abhängig von der Größe des Pferdes. Der Reiter kann sich im leichten Sitz besonders gut den wechselnden Situationen der Schwerpunktverlagerung und des Tempos anpassen. Die Übergänge werden dabei harmonischer, und der Oberkörper wird aus der Hüfte etwas mehr nach vorne geneigt. Bei geringer Entlastung bleibt das Gesäß so dicht wie möglich am Sattel. Bei höherem Tempo oder beim Springen kommt das Gesäß weiter aus dem Sattel heraus. Der Reiter sollte in der Hüfte dabei elastisch bleiben. Das Gewicht wird vermehrt von Oberschenkel, Knie und Absatz aufgenommen. Die Bügel werden vom Fuß etwas weiter ausgetreten, so daß der Reiter jederzeit ausbalanciert ist. Der Absatz muß dabei der tiefste Punkt bleiben. Ein leicht durchgedrücktes und elastisches Fußgelenk gewährleistet eine sichere Stütze und eine feste Lage von Knie und Unterschenkel. Im leichten Sitz entsteht dabei eine stärkere Winkelung im Knie. Ein fester Knieschluß gibt dem Reiter vermehrt Sicherheit im Sattel. Knie, Unterschenkel und Absatz bilden das Fundament im leichten Sitz. Die Oberarme und Ellenbogen werden etwas vor den Körper genommen, die Hände aufrecht beiderseits des Halses getragen oder leicht seitlich am Hals angelegt. Der Blick ist geradeaus über die

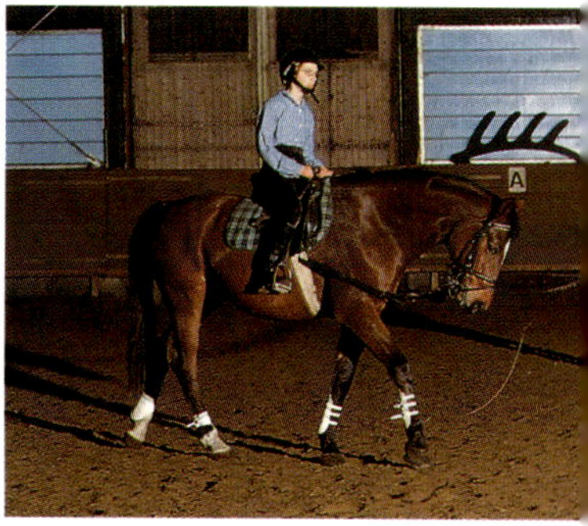

Sitzübungen an der Longe mit Festhalten

Pferdeohren gerichtet, Unterarm, Zügelfaust und Pferdemaul bilden wieder eine gerade Linie, so daß die Zügelhilfen unabhängig von denen des Körpers gegeben werden können. Durch ein gefestigtes Fundament bleibt der Reiter auch beim Springen sicher im Gleichgewicht. Aus dem Trab heraus sitzt der Reiter vor dem Hindernis kurz aus, um dann über dem Sprung geschmeidig und sicher der Bewegung des Pferdes zu folgen. Für das Springen von etwas höheren Sprüngen muß der leichte Sitz besonders gut ausbalanciert sein. Der Reiter muß beim Absprung genügend Druck auf den Absatz, also auf den Steigbügel bringen. Das Gesäß sollte so nah wie möglich am Sattel bleiben. In der Schwebephase ist der Oberkörper stärker vorgeneigt und das Gesäß etwas weiter aus dem Sattel. In der Landephase muß sich der Reiter geschmeidig der Verlagerung des Schwerpunktes anpassen. Die Hand des Reiters geht dann so weit gefühlvoll am Pferdehals in Richtung Pferdemaul, wie es die erforderliche Dehnung des Halses verlangt. Eine leichte Verbindung sollte bestehen bleiben. Durch die sich schnell ändernden Gegebenheiten, wie zum Beispiel beim Bergauf- und Bergabreiten sowie beim Überwinden von Naturhindernissen, muß der Reiter auch im Gelände einen besonders elastischen und geschmeidigen Sitz einnehmen.

WICHTIG: Für einen gut ausbalancierten, leichten Sitz muß sich der Reiter elastisch der Gangart, dem Tempo und den unterschiedlichen Verlagerungen des Schwerpunktes anpassen können, die Zügelhilfen unabhängig von den Bewegungen des Körpers geben und ein sicheres Fundament haben.

Nach einiger Zeit geht es auch, ohne sich festzuhalten

Die ersten Trabtritte an der Longe

Das Leichttraben auf dem richtigen Fuß

▸ Sitzübungen an der Longe

Reiten läßt sich nicht nach einem Schema erlernen. Ein geschulter Reitlehrer wird durch einen vielseitigen Unterricht, vor allem auch in der Theorie, die einzelnen Lernschritte sinnvoll aufbauen und mit seinem Schüler durchsprechen. In jedem Alter ist die Schulung des richtigen Sitzes zunächst das wichtigste in der Reitausbildung. Dem Anfänger sollen sowohl im Grundsitz als auch im leichten Sitz Gleichgewicht, Rhythmusgefühl, Freude, Sicherheit und Vertrauen vermittelt werden.

An der Longe oder auch am Führzügel werden die Grundlagen für den richtigen Sitz erlernt. Ein hohes Maß an Sicherheit gibt dem Anfänger Vertrauen. Geschicklichkeitsaufgaben, auch einmal ohne Pferd, und spielerisches Lernen sind bei Kindern und Jugendlichen besonders hilfreich, vorausgesetzt, es stehen gut ausgebildete, brave Schulpferde zur Verfügung. Auch bei Erwachsenen sind gute Lehrpferde die wichtigste Voraussetzung, um das Vertrauen und damit die Geschmeidigkeit und Losgelassenheit zu erreichen. Reiten lernen soll dem Pferd und dem Reiter Freude bereiten und darf niemals übertrieben werden, da sonst Verkrampfungen und Angst entstehen können. Das Temperament des Lehrpferdes, ebenso wie das Zueinanderpassen von Reiter und Pferd tragen wesentlich zum Wohlbefinden des Reitschülers und seiner Fortschritte bei; dies gilt auch umgekehrt. Für Kinder sind vor allem auch Ponys geeignet. Die kleinere Körpergröße im

Eine gute Gleichgewichtsübung ist das Reiten ohne Bügel

Wenn das Gleichgewicht verlorengeht, fällt der Reiter vornüber

Vergleich zum Deutschen Warmblut erleichert den Kindern den Zugang zum Pony und den Umgang mit dem Tier.

Neben dem Grundsitz und der richtigen Hilfengebung sollte mit der vielseitigen Ausbildung des Reiters so früh wie möglich begonnen werden. Dies hängt vor allem von der Anzahl der Reitstunden, aber auch von Talent und Begabung des Reiters ab. Dazu gehören das Erlernen des leichten Sitzes, erste Springübungen in der Halle und das Reiten im Gelände in der Gruppe unter Aufsicht. Gerade durch die hierbei ständig wechselnden Situationen werden das Gleichgewichtsgefühl und die Losgelassenheit des Reiters erreicht. In allen Ausbildungsstufen sind abwechslungsreiche und vielseitige Übungen mit geringen Anforderungen an die Sitzschulung und das Reitenlernen stets besser als Überforderung und zu hohe Selbsteinschätzung des Reiters. Auch bei fortgeschrittenen Reitern, die schon über eine gewisse Routine verfügen, schleichen sich ohne regelmäßigen Reitunterricht schnell Fehler im Sitz und somit in der Hilfengebung und Einwirkung ein. Deshalb kann auch für »Könner« eine gelegentliche Sitzlonge nur empfohlen werden. Das Erlernen des richtigen Sitzes ist das wichtigste Lernziel in der Grundausbildung. Geeignete, vielseitige Pferde, eine vielseitige Ausbildung durch einen geschulten Reitlehrer und regelmäßiger Unterricht in Theorie und Praxis sind in allen Ausbildungsstufen dafür notwendig. Nur wer einen ausbalancierten und losgelassenen Sitz erlernt hat, wird sich jederzeit sicher und wohl auf dem Pferd fühlen.

Neue Gleichgewichtsverhältnisse entstehen beim Reiten im leichten Sitz

Neigt sich die Reiterin zu weit nach vorn, geht die Balance verloren

Auch wenn Sie später zu einer anderen Reitweise wechseln, ist die bis hierher beschriebene Ausbildung nicht nur für die Sicherheit und das Wohlbefinden des Reiters notwendig, sondern auch um Harmonie zwischen Pferd und Reiter zu erreichen und zu erhalten.

Bei den Sitzübungen an der Longe muß man grundsätzlich darauf achten, daß man die Anzahl der Übungen nicht übertreibt, da der Reiter sonst Muskelverkrampfungen und dadurch Angst bekommen kann. Werden zwei bis drei Schüler im Wechsel an der Longe geschult, entstehen sinnvolle Pausen, die auch dem Reiter am Boden Gelegenheit geben, selbständig gymnastische Übungen ohne Pferd durchzuführen.

Auch das erste Galoppieren sollte an der Longe geübt werden. Die Hände können dabei am Anfang zur Hilfe genommen werden, denn der Reitschüler bekommt dadurch mehr Sicherheit und kann sich tief in den Sattel hineinziehen, wodurch er mit dem Gesäß besser am Sattel bleibt und sich besser strecken kann. Die innere Hand oder auch beide Hände greifen dazu in die Sattelkammer des Sattels oder an den sogenannten Angstriemen. Der Reiter muß nun fühlen, daß er in seiner Mittelpositur die Bewegungen des Pferdes ausgleichen kann. Das Galoppieren kann mit oder ohne Bügel geübt werden, je nach Ausbildungsstand. Der Ausbilder macht dies von der Veranlagung, der Geschicklichkeit, von Talent und der jeweiligen Situation des Reiters abhängig.

Auch die verschiedenen Sitzformen können durch Schulung an der Longe erlernt und geübt werden. Der leichte Sitz muß ebenso systematisch gelernt werden wie der Dressursitz. Folgende Voraussetzungen sind hierzu notwendig:

Der Ausbilder muß beachten, daß beim Reiten im leichten Sitz andere Muskelgruppen des Reiters beansprucht werden als im Dressursitz. Die Gleichgewichtsverhältnisse müssen vom Reiter neu erfühlt werden. An einem Halsriemen oder am Riemen des Martingals kann sich der Reiter abstützen und in kritischen Situationen auch festhalten.

Viele Sitzfehler entstehen aufgrund mangelnder Losgelassenheit des Reiters. Hier ist die Sitzschulung an der Longe besonders geeignet. Der Lehrer führt das Pferd und bestimmt Gangart und Tempo, der Reiter kann sich dabei vollkommen auf seinen Sitz konzentrieren.

In der Regel tritt ein Sitzfehler nicht allein auf, sondern zieht meistens andere nach sich. Ein hochgezogenes Knie hat zum Beispiel einen hochgezogenen Absatz zur Folge, eine festgehaltene Schulter unruhige Hände. Hier ist es besonders wichtig, zuerst die Ursache zu beheben. Nicht mehr festgehaltene, sondern locker herunterhängende Schultern ermöglichen dann auch eine ruhige Zügelführung.

Sitzübungen an der Longe sind in jedem Ausbildungsstand des Reiters, nicht nur beim Reitanfänger, eine ausgezeichnete Methode, sich im Reiten schulen zu lassen. Dabei ist es durchaus

Der erste Auftritt

möglich, daß sich fortgeschrittene Reiter auch ohne Reitlehrer selber gegenseitig longieren und unterrichten.

Genauso wie der leichte Sitz an der Longe geschult werden kann, ist es auch möglich, den Springsitz zu unterrichten. Der leichte Sitz ist die Voraussetzung dafür. Dann kann ein Reitanfänger oder besser gesagt Springanfänger auch die ersten Hindernisse an der Longe überwinden. Am besten ist, wenn man den Unterricht in einer geschlossenen Reit- oder Longierhalle durchführt. Dazu werden kleinere Hindernisse bis 40 oder 50 Zentimeter an der geschlossenen Zirkelseite aufgebaut. Man sollte kleinere Hindernisteile verwenden, aber keine Cavalettis, da die Gefahr besteht, daß die Longe am inneren Kreuz des Cavalettis einhängt.

Connemaraponys sind robuste Partner im Reitsport

Die dauernde Schulung des Grundsitzes und der verschiedenen Sitzformen ist das Kernstück der gesamten Reitausbildung. Es soll sich zwar beim Reiten nicht um einen Schönheitswettbewerb handeln, aber es gilt der Grundsatz, daß nur aus einem guten und ausbalancierten Sitz die richtige Hilfengebung erfolgen kann und der Reiter nur dadurch eine gute Kontrolle über sein Pferd hat.

Jeder Reiter muß lernen, einzelne Körperteile unabhängig voneinander zu bewegen. Das übt man am besten, wenn man völlig entspannt auf dem Pferd sitzt. Eine gute Übung ist es, eine Hand in Zügelhaltung zu stellen und mit der anderen Hand nach vorwärts oder rückwärts zu kreisen, ohne daß sich die Zügelhand dabei bewegt. Das gleiche muß natürlich auch mit dem anderen Arm ausprobiert werden.

Eine weitere Übung zur Verbesserung der Koordination Ihres Körpers ist, sich aus der Hüfte im Oberkörper nach rechts und links zu drehen. Dabei sollen die Hände in der Zügelhaltung belassen

Trockenreiten nach der Arbeit an der Longe

Korrekter, ausbalancierter Sitz

werden. Zur leichten Drehung des Oberkörpers kommt als nächste Übung das seitliche Wegstrecken eines Beines hinzu. Dabei soll das andere Bein möglichst unbeweglich am Pferdekörper liegen bleiben.

Zur Verbesserung des locker und losgelassenen Fußgelenkes ist das Kreisen eines oder beider Fußgelenke in verschiedene Richtungen eine wertvolle Übung.

Vielleicht können Sie ja in Ihrem Ausbildungsstall anregen – wenn es nicht von Ihrem Reitlehrer selber eingeplant wird –, eine Longenstunde ohne Sattel zu bekommen. Natürlich nur, wenn das passende Pferd vorhanden ist. Es ist ein neues Gefühl, einmal auf dem blanken Pferderücken zu sitzen. Als Reitanfänger sollten Sie auf einen Longiergurt mit Griffen allerdings bestehen. Ziehen Sie dabei Ihre Reitstiefel aus, das macht die Übungen leichter. Es ist ein Erlebnis, rückwärts auf dem Pferd zu sitzen und die Bewegungen des Pferdes andersherum zu spüren. Oder legen Sie sich entspannt auf den Pferdehals, lassen Sie Ihre Arme herunterbaumeln, und lassen Sie sich einfach nur tragen. Im Rückwärtssitz kann man es sich, natürlich nur wenn das Pferd mitmacht, auf der Pferdekruppe genauso gemütlich machen. Auch eine Runde mit geschlossenen Augen bietet die Möglichkeit, den Bewegungsablauf des Pferdes zu erfühlen. Vielleicht gelingt es Ihnen schon im Schritt, festzustellen, wo sich gerade welches Bein am Boden befindet. Durch diese Erfahrungen werden Sie größeres Vertrauen zu dem Partner Pferd bekommen.

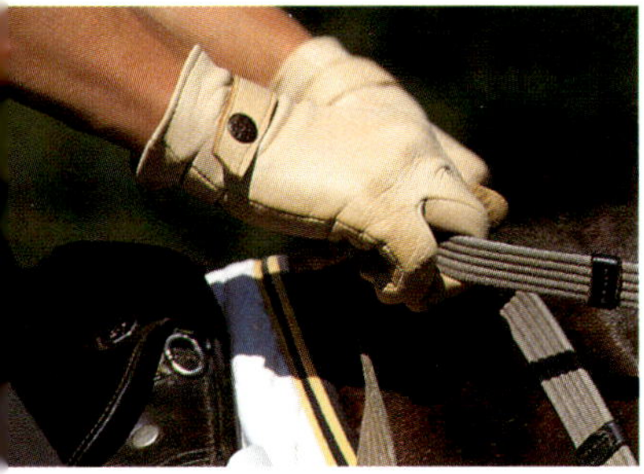

Einer der häufigsten Fehler ist das Reiten mit verdeckten Zügelfäusten

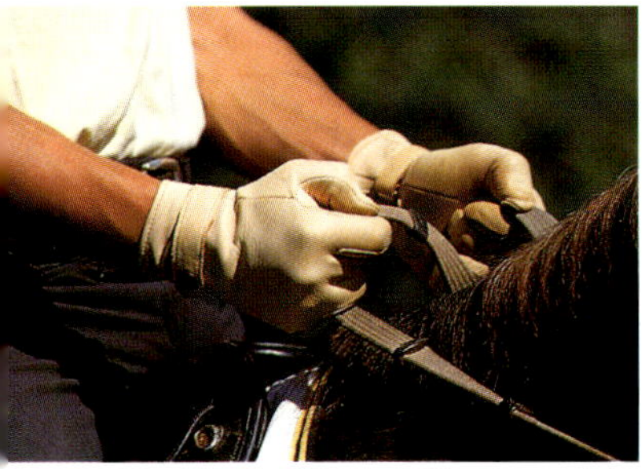

Korrekte Zügelführung: Aufrechte Fäuste, die Daumen bilden ein kleines Dach

Die Zügelhaltung

Richtige Zügelhilfen kann der Reiter nur geben, wenn er eine ruhige, vom Sitz unabhängige Zügelfaust hat.

Schenkel- und Gewichtshilfen sind treibende Hilfen; Zügelhilfen dagegen sind verhaltende Hilfen.

Bei den Schenkelhilfen wird zwischen vorwärts treibenden, seitwärts treibenden und den verwahrenden Hilfen unterschieden.

Der vorwärts treibende Schenkel liegt dazu unmittelbar hinter dem Sattelgurt. Der seitwärts treibende liegt ebenso wie der verwahrende Schenkel etwa eine Handbreit hinter dem Sattelgurt, mit dem Unterschied, daß der seitwärts treibende Schenkel aktiv eingesetzt wird, der verwahrende aber passiv, um das seitliche Ausweichen der Hinterhand zu verhindern. Je nach Bewegungsart und Situation kommt es aber auf die richtige Dosierung und das Zusammenwirken der verschiedenen Hilfen an.

Die Gewichtshilfen unterteilen sich in einseitig belastende, beidseitig belastende und entlastende Gewichtshilfen.

Bei den Zügelhilfen gibt es annehmende und nachgebende, durchhaltende, richtungs- oder seitwärtsweisende und schließlich noch die verwahrende Hilfe. Je nach Gefühl und Ausbildungsstand des Reiters sollen alle Hilfen, vor allem aber die Zügelhilfen so unsichtbar wie möglich gegeben werden.

Ziel und somit auch Kriterium korrekter Hilfengebung ist die immer feiner und dezenter werdende Einwirkung auf das Pferd. Für die Stärke der Hilfen ist die Empfindlichkeit des Pferdes, auch der Grad seiner Rittigkeit und seines Ausbildungsstandes und der beabsichtigte Zweck maßgebend. Grundsatz ist, daß einer annehmenden Zügelhilfe immer eine nachgebende folgen muß.

Derbe Hilfengebung, vor allem mit dem Zügel, führt zu einem Verlust des Vertrauensverhältnisses zwischen Reiter und Pferd. Die richtige Zügelhaltung, wie sie für die korrekten Zügelhilfen notwendig ist, sieht beim Reiten auf Trense so aus, daß die Zügel unverdreht und gleichlang zwischen dem Ringfinger und dem kleinen Finger gehalten werden, so daß die glatte Lederseite nach außen zeigt. Das zusammengeschnallte Zügelende muß dabei über dem zweiten Gelenk des Zeigefingers nach rechts unter dem rechten Zügel herunterhängen. Die Fäuste werden aufrecht getragen. Die Daumen sind dachförmig auf dem Zügelende und verhindern so ein Herausrutschen. Der Abstand zwischen den Zügelfäusten richtet sich nach der Breite des Pferdehalses, da die Zügellinie auch nach vorne gerade sein soll. Das Korrigieren des Zügelmaßes wird durch Nachfassen der Zügel geregelt. Dabei hilft eine Hand der anderen. Es ist fehlerhaft, wenn die jeweilige Hand am Zügel vorwärts krabbelt, anstatt den Zügel vorher in die andere Hand zu übergeben.

Neben heruntergedrückter oder geöffneter Zügelfaust ist die häufigste Fehlhaltung die verdeckte Zügelhand, durch die der Reiter nicht mehr fähig ist, feine und gefühlvolle Zügelhilfen aus dem Handgelenk heraus zu geben. Er ist vielmehr gezwungen, die Hilfen aus dem ganzen Arm oder sogar aus dem Rumpf heraus zu geben, was sich insbesondere beim Annehmen der Zügel sehr negativ auswirkt. Bei grober Hilfengebung stumpft das Pferd ab und verliert seine Sensibilität.

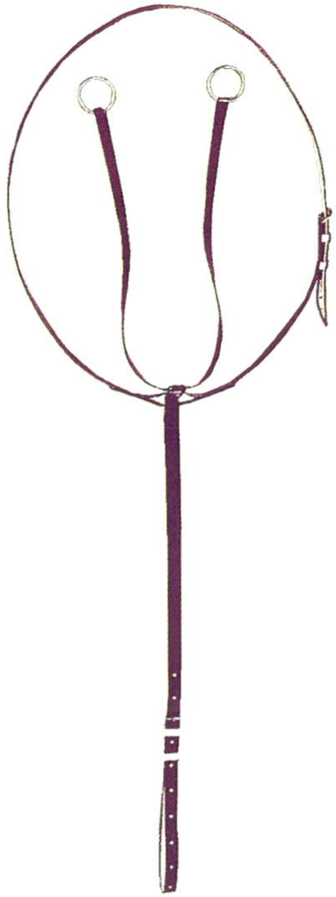

Das Ringmartingal

Hilfszügel

Nach LPO sind folgende Hilfszügel für die Ausbildung von Pferd und Reiter erlaubt und zumindest zeitweise geeignet:

- **STOSSZÜGEL** Am Sattelgurt befestigt, führt der Stoßzügel zwischen den Vorderbeinen des Pferdes hindurch zum Trensengebiß.
- **AUSBINDEZÜGEL** Mit oder ohne Gummiring führen zwei verschnallbare Lederriemen je links und rechts etwa eine Handbreit über dem Buggelenk vom Sattelgurt zu den Trensenringen. Diese Ausbindemöglichkeit ist dem Stoßzügel vorzuziehen und für den Reitanfänger am geeignetsten.
- **DREIECKSZÜGEL** Er ist in verschiedenen Varianten verschnallbar und ermöglicht dem Pferd eine gute Dehnungshaltung (vor allem für jüngere Pferde geeignet).
- **GLEITENDES RINGMARTINGAL** Es findet seine Anwendung vor allem beim Spring- und Geländereiten. Wichtig für die richtige Wirkung ist speziell beim Martingal, aber auch bei allen anderen Hilfszügeln, die richtige Verschnallung.

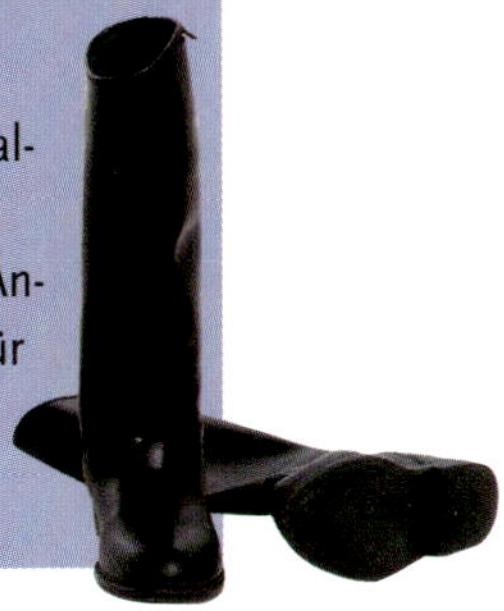

PROFI·TIP

Nadine Capellmann

Beim Hintereinanderherreiten kann man gut den Ausbildungsstand von Pferd und Reiter überprüfen. Beim Abteilungsreiten muß ich nämlich mein Pferd genau kontrollieren, um Abstand, Gangart und Tempo bestimmen zu können.

Die Gangarten: Schritt, Trab, Galopp

Das Hintereinanderherreiten

Eine der Organisationsformen des Reitunterrichts, die sich gut für den Anfängerunterricht eignet, ist das Hinterherreiten. In der Reithalle bedeutet dies, daß mit gleichmäßigen, aber nicht eindeutig festgelegten Abständen hinter dem Anfangsreiter geritten wird.

Zweck des Hintereinanderherreitens ist, daß sich die Reiter bei der Ausführung bestimmter Übungen nicht gegenseitig behindern. Besonders in den Gangarten Trab und Galopp kommt bei dieser Organisationsform ein unfallverhütender Aspekt hinzu. Beim Hintereinanderherreiten hat der Reitlehrer auch die Möglichkeit, sich einen Überblick über den Ausbildungsstand der einzelnen Reiter zu verschaffen sowie über Form und Haltung der Pferde. Weiterhin erleichtert es das gemeinsame Erlernen bestimmter Übungen, weil eine bessere Übersicht und Korrektur durch den Reitlehrer möglich ist. Da alle Reiter die gleiche Übung hintereinander ausführen, können sie auch noch von den anderen Reitern profitieren.

Hilfsmittel beim Reiten

- **STIMME** Sie ist das wichtigste Hilfsmittel im Umgang mit dem Pferd. Sowohl beim Reiten als auch bei der Pflege ist sie unerläßlich und stellt ein Vertrauensverhältnis zwischen Reiter und Pferd her.
- **GERTE** In verschiedenen Längen erhältlich, sind Gerten Hilfsmittel zur Unterstützung der treibenden Hilfen des Reiters. Man unterscheidet Dressurgerten und Springgerten. Dressurgerten sollten 1–1,20 m lang sein. Beim Reitanfänger ist eher eine kürzere Gerte angebracht, da er mit einer langen das Pferd durch unruhige und noch nicht korrekte Handhaltung leicht stören kann. Springgerten sind 0,60–0,80 m lang und für Springen sowie Geländereiten geeignet.
- **SPOREN** Obwohl es leider zur Mode geworden ist, daß jeder mit Sporen reitet, sind dafür einige Voraussetzungen in der Ausbildung des Reiters notwendig. Der Reiter muß einen gut ausbalancierten Sitz und eine ruhige Lage des Unterschenkels beherrschen. Der Fuß des Reiters sollte annähernd parallel zum Pferd gehalten werden, um das Pferd nicht ständig mit den Sporen zu berühren.

In der Gruppe macht Reiten im Gelände Spaß

Hintereinanderherreiten ist im Wasser ratsam

Beim Anfängerunterricht erleichtert das Hintereinanderherreiten das Erlernen von Hufschlagfiguren dadurch, daß immer ein erfahrener Reiter am Anfang reitet.

Beim Reiten im Gelände ist das Hintereinanderherreiten äußerst wichtig, weil zum Beispiel im Straßenverkehr immer einzeln oder paarweise hintereinanderhergeritten werden muß. Wenn man paarweise im Straßenverkehr hintereinanderher reitet, muß man darauf achten, daß unerfahrenere Pferde oder Reiter sich stets auf der vom Verkehr abgewandten Seite befinden. Erschrickt ein Pferd, kann es mit einer plötzlichen Bewegung zur Seite springen und den Reiter in Gefahr bringen, wenn dies auf der zum Verkehr zugewandten Seite geschieht. Das Hintereinanderherreiten gibt dem Reitlehrer eine gute Kontrolle und Übersicht über die von ihm geführte Gruppe. Um im Straßenverkehr besser von Autofahrern wahrgenommen zu werden, bildet man durch das paarweise Hintereinanderherreiten einen geschlossenen Verband. Weiterhin finden sowohl unerfahrene Reiter als auch die Pferde als ausgesprochene Herdentiere Schutz und Sicherheit in der Gruppe.

Auch bei fortgeschritteneren Reitern ist das Hintereinanderherreiten als Vorstufe zum Abteilungs- oder auch Quadrillenreiten eine gute Übung. Dabei lernt der Reiter, sich aufmerksam und rücksichtsvoll gegenüber seinen Mitreitern zu verhalten und Abstände einzuhalten.

Der Schritt

Bei der Einwirkung des Reiters in den drei Grundgangarten des Pferdes Schritt, Trab und Galopp kommt es nicht auf kräftemäßig viel Einwirkung an, sondern auf feine und unsichtbare Hilfengebung. Einer der häufigsten Fehler vieler Reiter besteht darin, daß sie allgemein zu aufwendig, das heißt mit übertriebener Hilfengebung reiten und so die Reinheit der Gangarten verlorengeht. Dies macht sich vor allem im Schritt bemerkbar.

Die korrekte Form und Haltung des Pferdes im Mittelschritt sollte so aussehen, daß das Pferd sich immer leicht nach vorne an die Hand des Reiters herandehnt. Ein zu starkes Aufnehmen und Beizäumen des Pferdes durch die Hand des Reiters führt fast immer zum Verlust von Takt und Raumgriff. Es ist zwar wichtig, daß beim Reiten von bestimmten Übungen und Lektionen der Zügel aufgenommen werden muß, noch wichtiger ist allerdings, daß dazwischen immer wieder am langen Zügel geritten wird, um die natürliche Bewegung des Pferdes zu erhalten. Für den Reiter kommt es im Schritt darauf an, gleichmäßig auf beiden Gesäßknochen zu sitzen, elastisch in der Bewegung mitzugehen und vor allem mit den Schenkelhilfen wechselseitig auf das jeweils abfußende Hinterbein des Pferdes einzuwirken. Das hört sich vielleicht schwierig an, es ergibt sich aber automatisch aus der seitlichen Rumpfbewegung des Pferdes bei lockerem, am Pferdekörper anliegendem Unterschenkel. Man könnte sagen, daß das Pferd sich die treibende Hilfe selbst abholt.

Abteilungsreiten im Schritt

Für den Reiter sind folgende Kriterien der Grundgangart Schritt wichtig: Der Schritt ist eine schreitende Bewegung im Viertakt. Da das Pferd sich stets auf dem Boden und in keinem Moment mit allen vier Beinen in der Luft befindet, spricht man von einer schwunglosen Gangart. Die Fußfolge ist gleichseitig, aber nicht gleichzeitig. Tritt das Pferd hinten an, so fußt es zum Beispiel hinten rechts, vorne rechts, hinten links, vorne links. Fußt es durch fehlerhafte Einwirkung des Reiters gleichseitig und gleichzeitig, so ist der gefürchtete Paßgang entstanden, der nur sehr schwer zu korrigieren ist. Hauptursache für diesen Fehler ist die Übereilung des Schrittes durch oft übertrieben treibende Einwirkung des Reiters, aber vor allem auch das zu früh mit der Hand erzwungene An-den-Zügel-Stellen des Pferdes im Schritt. Nur ein sehr sicher und richtig einwirkender Reiter kann aus einer weichen, aber steten Anlehnung heraus diesen fehlerhaften Rhythmus wieder unterbinden. Zusätzlich kann bei Taktfehlern im Schritt das Reiten am langen Zügel in unebenem Gelände bergauf und bergab sinnvoll sein. Auch die Bodenrickarbeit mit den richtigen Abständen bestimmt den Takt und die Schrittlänge des Pferdes.

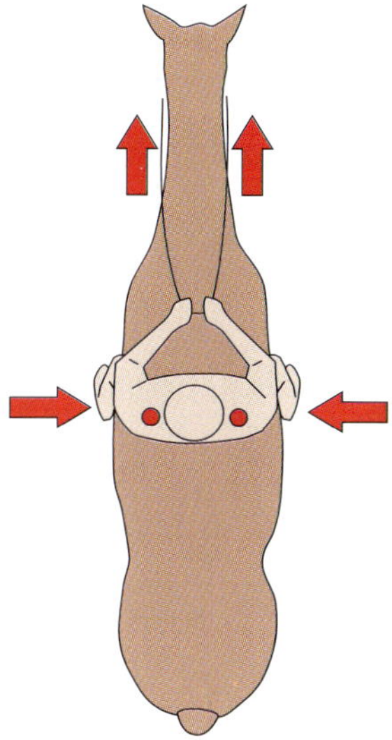

Die Hilfen im Schritt

Die Gangmaße des Pferdes im Schritt sind außer dem Mittelschritt zum ersten der versammelte Schritt, bei dem Takt und Fleiß erhalten bleiben müssen, aber durch Kadenz und vermehrte Lastaufnahme der Hinterhand in den versammelten Lektionen der Raumgriff stark verringert wird. Im Mittelschritt sollen die Hinterbeine circa ein bis zwei Hufbreit über die Spur der Vorderbeine treten, im versammelten Schritt dagegen in die Hufspur der Vorderbeine.

Das dritte Gangmaß im Schritt nach versammeltem und Mittelschritt ist der starke Schritt. Hier zeigt das Pferd bei deutlicher Rahmenerweiterung und deutlichem Abfußen sehr starken Übertritt. Die Schrittlänge ist selbstverständlich abhängig vom Körperbau des Pferdes und der natürlichen Veranlagung.

Die ersten vier der insgesamt acht Phasen des Schritts, die sich danach spiegelbildlich wiederholen

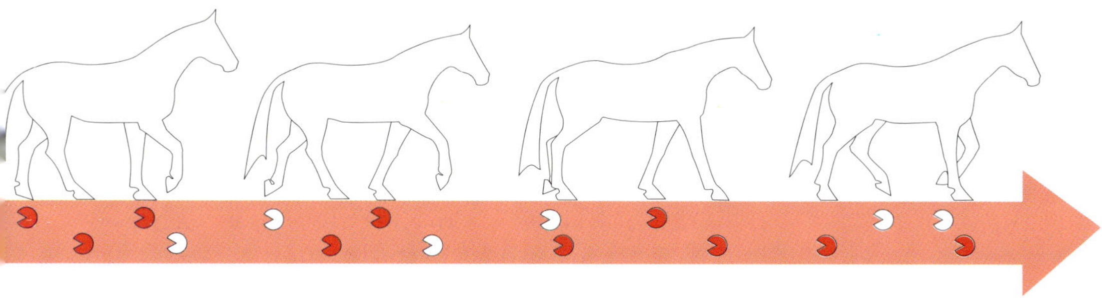

Der Trab

Die Grundgangart Trab ist eine schwunghafte Bewegung im Zweitakt, die aus einer Folge von aneinandergereihten Tritten besteht. Das Wort »schwunghaft« soll zeigen, daß diese Gangart einen Moment der freien Schwebe beinhaltet, darf aber nicht mit dem reiterlichen Begriff schwungvoll verwechselt werden. Schwunghaft bedeutet, daß das vorschwingende Beinpaar den Boden etwas später erreicht, als das abfußende ihn verläßt. Im Trab werden mehrere Tempi unterschieden:

DER ARBEITSTRAB Er ist das gebräuchlichste Tempo in der Grundausbildung von Reiter und Pferd. Das Tempo im Arbeitstrab muß fleißig, darf aber nicht eilig sein. Das losgelassene Pferd tritt dabei taktmäßig, raumgreifend und schwungvoll aus seiner aktiven Hinterhand. Die Hinterhufe des Pferdes fußen im Arbeitstrab etwa in die Spur der Vorderhufe. Für den Reiter ist im Trab wichtig, bei gleichmäßig am Pferd liegender Wade gleichzeitig und gleichseitig mit den vortreibenden Hilfen beim Gera-

Trab auf dem Zirkel

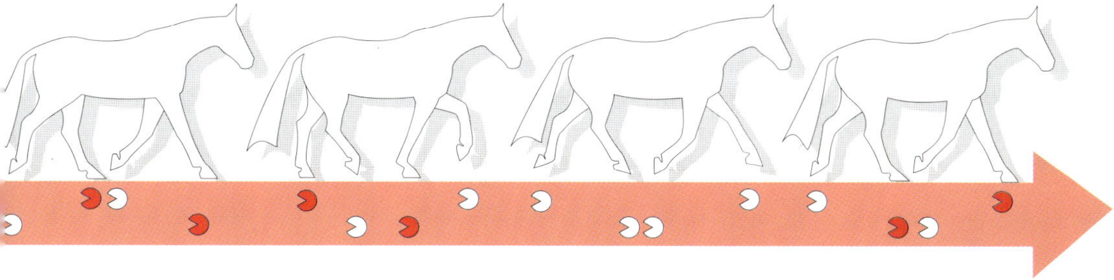

Die Fußfolge im Trab

deausreiten auf das Pferd einzuwirken. Die Zügelhilfen sind dabei annehmend und nachgebend. In der Grundgangart Trab entstehen eigentlich am wenigsten Taktfehler. Ein gelegentliches »Aus-dem-Tritt-kommen« des Pferdes im Arbeitstrab, vor allem aber in den höheren Tempi, ergibt sich aus Übereilung durch falsche oder unruhige Hilfengebung des Reiters.

DER MITTELTRAB Das Pferd gewinnt durch größeren Raumgriff mehr Boden, ohne in seiner Trittfolge eiliger zu werden. Durch fleißigeres und energischeres Abfußen der Hinterbeine werden die Vorderbeine zu leichterem und freierem Abfußen bewegt. Im Mitteltrab kommt die Stirn-Nasen-Linie deutlicher vor die Senkrechte. Man spricht hier von Rahmenerweiterung. Dabei muß eine Selbsthaltung des Pferdes deutlich erkennbar sein. In der Grundausbildung des Pferdes spricht man auch vom Trabtritte verlängern. Dies ist als Vorstufe des Mitteltrabs zu betrachten.

DER VERSAMMELTE TRAB Er kann nur aus einem völlig ausbalancierten Sitz des Reiters im Zusammenhang mit fein abgestimmter Hilfengebung geritten werden. Nur wenn die treibenden Hilfen gut durchkommen, ist der Reiter in der Lage, sein Pferd zu versammeln, denn im versammelten Trab ist es wichtig, daß die Hinterbeine energisch und fleißig abfußen und vermehrt in Richtung unter den Schwerpunkt treten. Der Raumgriff und der Übertritt werden ohne Einschränkung von Fleiß und Schwung weniger. Die Hinterhufe fußen höchstens bis an die Spur der Vorderhufe heran.

DER STARKE TRAB Die höchste Steigerung der Vorwärtsbewegung im Trab bezeichnet man als starken Trab. Im starken Trab fußen die Hinterhufe deutlich über die Spur der Vorderhufe. Auch hier ist es wie im Mitteltrab wichtig, daß die Stirn-Nasen-Linie deutlich vor die Senkrechte kommt.

Die Hilfen im Trab

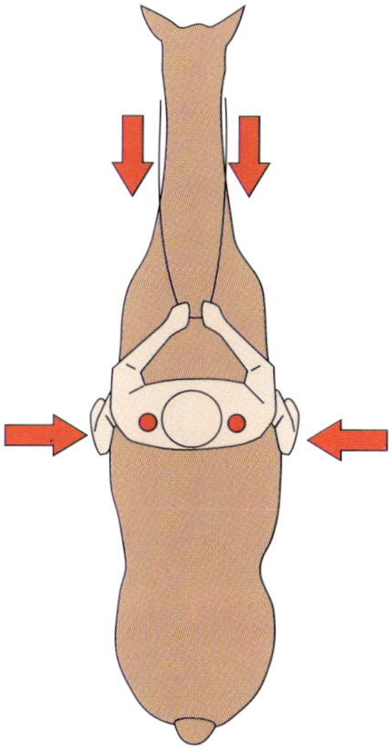

PROFI·TIP

Nadine Capellmann

Zum Angaloppieren sollte man möglichst wenig sichtbare Hilfen geben müssen. Den inneren Gesäßknochen belaste ich hierbei vermehrt und verlege den äußeren Schenkel nach hinten. Sehr wichtig ist jedoch, daß ich den Schenkel nicht zu weit nach hinten lege. Galoppiert das Pferd, so sollte ich mich vom Takt des Pferdes mitnehmen lassen und nicht den eigenen Rhythmus vorgeben.

Der Galopp

Man unterscheidet zwischen Rechts- und Linksgalopp. Er ist eine schwunghafte Bewegung des Pferdes, die im klaren Dreitakt in Bergauftendenz gesprungen werden soll. Die Fußfolge zum Beispiel im Rechtsgalopp ist wie folgt: Hinten links, in der nächsten Phase das diagonale Beinpaar hinten rechts und vorne links anschließend das diagonale Beinpaar. Dazu kommt in der vierten Phase das rechte Vorderbein, in der fünften Phase das rechte Vorderbein allein und anschließend der Moment der freien Schwebe.

DER ARBEITSGALOPP Das Pferd soll schwungvoll, regelmäßig und fleißig in einem deutlich erkennbaren Dreitakt springen. Der Raumgriff beträgt im Arbeitsgalopp etwa eine Pferdelänge.

DER MITTELGALOPP Die Galoppsprünge sollen raumgreifender sein als im Arbeitstempo und mit deutlicher Rahmenerweiterung, das heißt, die Stirn-Nasen-Linie kommt deutlich vor die Senkrechte. Eine Vorstufe für den Mittelgalopp ist das Verlängern der Galoppsprünge.

DER VERSAMMELTE GALOPP Die Hinterbeine des Pferdes springen deutlicher unter den Schwerpunkt. Das Pferd nimmt dabei hinten mehr Last auf, ohne daß der Fleiß verlorengeht. Dadurch entsteht für den Reiter das Gefühl des Bergaufreitens, und der Galoppsprung wirkt erhabener. Hier ist es für den Reiter besonders wichtig, daß die Versammlung nicht mit der Hand erzwungen wird, da dadurch kein klarer Dreitakt mehr gegeben ist, sondern ein fast schleppender Viertaktgalopp entsteht.

DER STARKE GALOPP Hier wird der größte Raumgriff erzielt. Dabei muß bei gleichmäßiger Anlehnung eine deutliche Rahmenerweiterung erkennbar sein.

Abteilungsreiten im Galopp auf dem Zirkel

Die Hilfen des Reiters im Galopp

Im Gegensatz zu den Hilfen im Trab und im Schritt muß der Reiter im Galopp die einseitige Hilfengebung beherrschen. Es kommt hier darauf an, daß nach dem Angaloppieren jeder weitere Galoppsprung mit gleicher Hilfengebung, aber unterschiedlicher Dosierung weitergeritten wird.

Beim Linksangaloppieren, am Anfang aus dem Trab, bereitet der Reiter sein Pferd durch halbe Paraden vor und macht es aufmerksam. Das Gewicht wird auf den inneren, also linken Gesäßknochen verlagert, ohne dabei in der Hüfte einzuknicken. Der innere Steigbügel muß dafür gut durchgetreten werden, und die

Die Fußfolge im Rechtsgalopp

Linksgalopp

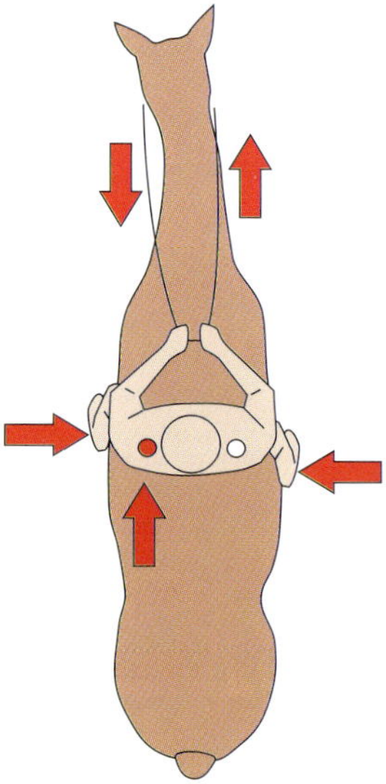

Die Hilfen im Linksgalopp

äußere Schulter des Reiters darf nicht zurückhängen. *Zügelhilfen*: Der innere Zügel gibt dem Pferd eine leichte Stellung im Genick zur linken Seite. Der äußere Zügel ist der verwahrende Zügel. Er verhindert, daß das Pferd beim Angaloppieren über die äußere Schulter ausweicht, und begrenzt gleichzeitig die Stellung des Genicks. Im Moment des Angaloppierens und der nachfolgenden Galoppsprünge ist es wichtig, daß der Reiter mit der inneren linken Hand den Galoppsprung herausläßt. Die Hilfen im Rechtsgalopp sind analog. *Schenkelhilfen*: Der äußere Schenkel ist der verwahrende Schenkel. Er liegt etwa eine Handbreit hinter dem Sattelgurt. Der innere Schenkel liegt unmittelbar hinter dem Sattelgurt, aktiv treibend.

Der Sinn der Gymnastizierung des Pferdes in seiner Ausbildung liegt nicht zuletzt darin, seine natürlichen Bewegungen zu erhalten. Es sollte daher für jeden Reiter eine Selbstverständlichkeit sein, den Bewegungsablauf des Pferdes in den drei Grundgangarten zu erlernen. Nur dann ist der Reiter in der Lage, Einfluß auf den Bewegungsablauf des Pferdes zu nehmen. In allen drei Grundgangarten darf keinesfalls durch zu starke oder sogar fehlerhafte Einwirkung der Takt verlorengehen.

Das Zusammenspiel der Hilfen

Erfühlen der Bewegungen

Die Hilfen des Reiters lassen sich zwar erklären, doch letztlich muß jeder für sich lernen, wann, wie und in welcher Bewegungsphase des Pferdes er eine bestimmte Hilfe einsetzen muß. Für Erwachsene muß die Notwendigkeit des Erfühlens beim Reiten wieder durch mehr Zeit für das selbständige Erproben geschaffen werden. Das Mißverständnis zwischen den Absichten mancher Reitlehrer, das Bewegungsgefühl in allen Einzelheiten sprachlich geballt vorzugeben, und dem Anliegen des Anfängers, das Reiten in aller Ruhe über seine Muskelsinne zu erfühlen, muß ausgeräumt werden. Was natürlich nicht heißt, daß für das Erproben jeglicher Spielraum vorhanden wäre. Der Rahmen wird Ihnen von Ihrem Reitlehrer vorgegeben und hat seine Grenzen dort, wo der Weg zu Ihrem Ausbildungsziel des elastischen, ausbalancierten und losgelassenen Sitzes in Gefahr gerät, verbaut zu werden. So können beispielsweise zu lang geschnallte Steigbügel das Federn in den Fußgelenken unmöglich machen und später den einfühlsamen Einsatz der Sporen verhindern und eine Korrektur erschweren. Wann Ihr Reitlehrer Ihnen als Anfänger das Traben auf dem falschen Fuß, das Angaloppieren im Außengalopp und nicht im geforderten Handgalopp oder sogar in der un-

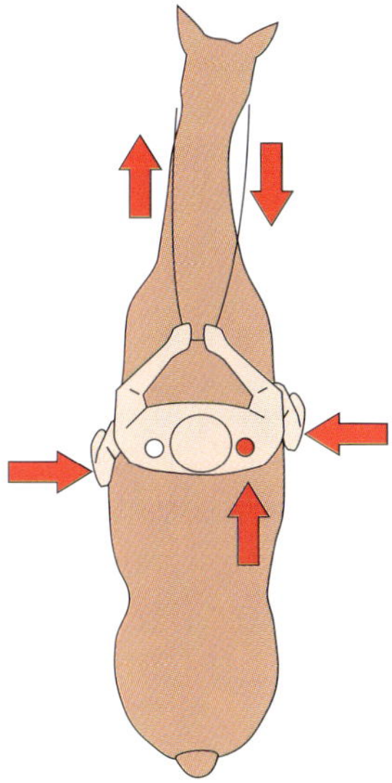

Die Hilfen im Rechtsgalopp

Rechts- und Linksgalopp

Der Unterschied zwischen Rechts- und Linksgalopp besteht in der Fußfolge. Im Linksgalopp fußt zuerst das rechte Hinterbein auf, anschließend das diagonale Beinpaar, also das linke Hinterbein und das rechte Vorderbein, anschließend folgt das linke Vorderbein und danach die Schwebephase. Im Rechtsgalopp dagegen fußt zuerst das linke Hinterbein auf, dann das diagonale Beinpaar hinten rechts und vorne links, dann folgt das rechte Vorderbein und die Schwebephase.

Der Reitanfänger kann am weiteren Vorspringen des Vorderbeines am leichtesten erkennen, in welchem Galopp sich das Pferd gerade befindet. Ist es im Linksgalopp, so springt das Pferd mit dem linken Vorderbein weiter vor als mit dem rechten.

korrekten Fußfolge des sogenannten Kreuzgalopps korrigiert, muß er in Abwägung des Erfühlens durch den Reiter und der rechtzeitigen Korrektur des Lehrpferdes stets von neuem entscheiden. Gerade bei dieser Art des erprobenden Unterrichts ist der umsichtige, wachsame Ausbilder unerläßlicher als bei jeder anderen Unterrichtsmethode.

Sehr schnell werden Sie erkennen, daß das Erlernen von Bewegungen sehr individuell vor sich geht und Lernfortschritte auch stark vom Partner Pferd bestimmt werden. Später werden Sie als fortgeschrittener Reiter mit den sprachlichen Anweisungen des Reitlehrers mehr anfangen können, da Sie diese unbelastet von Problemen der Balance und der Zügelführung im Kopf verarbeiten und umsetzen können. Schon von Anfang an, fordert der Sportpädagoge Eckart Meyners (1997), muß das Bewegungsgefühl im Mittelpunkt des Reitunterrichts stehen. Dem Anfänger kann das Erfühlen der Bewegung des Pferdes durch eine ständige Überschüttung mit Anweisungen und Fehlerkorrekturen unmöglich gemacht werden. Dies begründet Meyners in der Funktionsweise des menschlichen Gehirns. Er vergleicht die linke Gehirnhälfte mit einem gefühllosen Computer, der jede Menge sprachlicher Informationen aufnehmen, verarbeiten und ordnen kann. Für Gefühle, Bewegungen oder Musik ist diese Gehirnhälfte nicht empfänglich. Dagegen wird die rechte Gehirnhälfte vom Gefühl gelenkt. Bewegungen und Orientierungen im Raum werden ganzheitlich über das Auge aufgenommen und festgehalten. Wenn der Reitanfänger vor allem seine rechte Gehirnhälfte für das Bewegungsgefühl beansprucht, sollte nicht noch gleichzeitig die linke mit Anweisungen konfrontiert werden, die sie ja gar nicht in Bewegungen umsetzen kann.

Auch Sie als Einsteiger bewegen sich selbst und werden nicht von außen durch den

Der »Draht« zum Pferd erleichtert auch das Reiten

Reiten heißt fühlen

Ein früherer Mitarbeiter des Haupt- und Landgestüts Marbach, der auch dort aufgewachsen war, da bereits sein Vater in diesem Gestüt auf der Schwäbischen Alb gearbeitet hatte, berichtete einmal, wie er und seine Kameraden im Alter von acht bis zehn Jahren ihre ersten Erfahrungen auf dem Pferderücken sammelten.
Im Gestüt werden seit jeher neben den Jungpferden auch die Mutterstuten in den Wintermonaten, wenn ein Auslauf auf den Weiden nicht möglich ist, in einem überdachten Rundlauf freilaufend bewegt. Wenn nun diese Stuten hin und wieder kurz ohne Aufsicht waren, schwangen sich die Buben flugs von der Holzbande des Rundlaufes auf die Rücken der am nächsten stehenden Stuten. Die Stuten nahmen dieses Treiben gelassen hin. Sie gaben den Kindern im Schritt und auch im Trab wertvolle Möglichkeiten des Erprobens der eigenen Fähigkeiten und des Erfühlens der Bewegungen des Pferdes. Die Jungen nahmen, wenn sie entdeckt wurden, für dieses Erlebnis ein gehöriges Donnerwetter und auch den damals üblichen Stubenarrest in Kauf. Was für sie eigentlich etwas Verbotenes war, war für andere die Möglichkeit, am Abend die Arbeitspferde vom Feld in den Stall reiten zu dürfen oder die Mutterstuten ohne Sattel und Trense nur mit Stallhalfter von einer Weide auf die andere zu reiten. Für Kinder vom Lande war das früher der normale Weg zur Reiterei. Erfahrungen konnten gesammelt und das Gefühl für die Bewegungen des Pferdes ohne Vordenken und Vorsagen des Reitlehrers erworben werden.

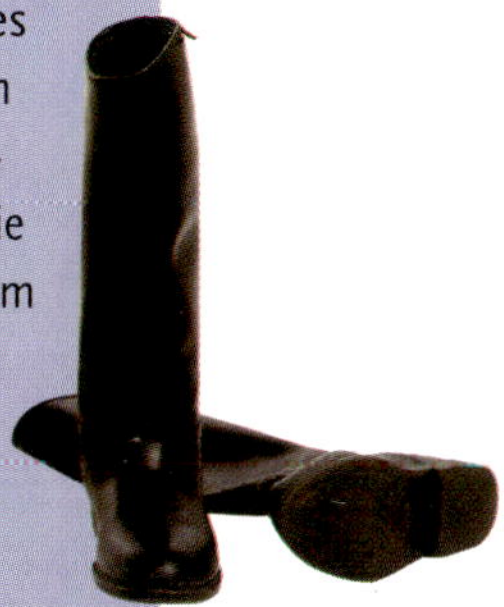

Ausbilder in Bewegung gehalten. Ihnen muß gleich in der ersten Stunde bewußt werden, daß Sie sich nicht passiv mit und auf dem Pferd bewegen, weil sich das Pferd fortbewegt, sondern daß sich auch Ihr Pferd durch Ihre aktive reiterliche Einwirkung in Bewegung setzt und bleibt. Fraglos wird ein guter Ausbilder die aus dem unendlichen Erfahrungsschatz der deutschen Reiterei und des Reitsports gewonnenen Erkenntnisse über das korrekte, pferdegerechte Reiten wertschätzen, daraus seine Idealvorstellungen entwickeln und den Unterricht darauf ausrichten. Doch sollten die Schritte auf dieses Ziel hin nicht mit »Sieben-Meilen-Stiefeln« begangen werden, sondern dem Anfänger immer erreichbare Perspektiven aufzeigen. Nach Meyners kann der Weg dorthin durch die richtige Augenführung beim Reiten, durch optische Hilfen wie Kegel, Stangen oder in den Hallenboden gezogene Linien, durch Wandspiegel, durch das Anknüpfen an bereits gemachte Bewegungserfahrungen, durch eigenständiges Nachempfinden von Aufgaben, durch eine bilderreiche Wortwahl des Reitlehrers und durch das Üben von extremen Haltungen auf dem Pferd unterstützt werden.

Haben Reiterinnen und Reiter einmal Bewegungen verinnerlicht, ist dies oft daran zu erkennen, daß sie – einmal selbst in der Rolle des Reitlehrers – nicht umhin können, die Bewegungsabläufe ihrer Schüler aus der Reitbahnmitte mitzuerleben. Gute Ausbilder fühlen beispielsweise mit jeder Bewegung ihres Reitschülers beim Sprung über ein Hindernis. Sie reiten gedanklich mit und machen selbst kleine Luftsprünge beim Abfußen des Pferdes. Und sie leiden mit, wenn eine Übung nicht klappt, denn ein guter Ausbilder hat diesen Fehler bereits gespürt, ehe er von Ihnen und Ihrem Pferd begangen wurde. Beobachten Sie einmal Ihren Reitlehrer bei einer Unterrichtsstunde und denken Sie daran: Reiten heißt fühlen. Reiten heißt, sich auf dem Pferd wohl zu fühlen und das Pferd beabsichtigte Reiterbewegungen erfühlen zu lassen. Reiten heißt, beabsichtigte Bewegungen des Pferdes im voraus zu erfühlen und sich im Einklang mit dem Pferd zu fühlen. Reiten heißt auch, das Pferd die Achtung vor dem anvertrauten Lebewesen erfühlen zu lassen.

▸ Die Phasen einer Reitstunde

Sie meinen, daß ein Reitlehrer dann einen guten Reitunterricht gibt, wenn er bei Ihnen jeden Fehler sieht, Ihnen diesen bis auf die kleinste Verstellung Ihrer linken großen Fußzehe analysieren kann und hartnäckig auf Auslöschung dieser Fehlerquelle hinarbeitet? Er wird es erreichen, bestimmt. Allerdings mit der Konsequenz, daß Sie alsbald eine andere Sportart betreiben.

Ein guter Ausbilder hat noch andere wichtige Fähigkeiten. Mit einem pädagogischen Grundgerüst für seinen Unterricht möchte er Sie für das Reiten begeistern. Er gibt Ihnen Ziele vor und bespricht diese mit Ihnen. Das wohldosierte Erlernen der einzelnen Lektionen muß im Mittelpunkt seines Unterrichts stehen. Dadurch treten keine Überforderungen auf, da neue Übungen erst begonnen werden, wenn bereits Erlerntes sich zu festigen und zu verfeinern beginnt.

In welcher Form der Reitunterricht abläuft, hängt vom Leistungsstand der Reitgruppe, vom Unterrichtsziel der Stunde, aber auch von den in der Reitstunde eingesetzten Pferden und dem Ort des Geschehens (Reithalle, Außenplatz) ab. Die Sicherheit der Reiterinnen, Reiter und Pferde ist oberstes Gebot. So kann anfängliches Hintereinanderreiten abgelöst werden durch Abteilungsreiten, Durcheinanderreiten aller Reiter, durch Reiten von Einzelaufgaben.

Die Einteilung der Reitstunde in die Phasen »Lösen«, »Lernen und Üben« und »Beruhigen« wird gerne etwas einseitig nur aufs Pferd bezogen. Doch auch der Reiter braucht genau diese

Auf dem Zirkel läßt sich die Biegung des Pferdes am besten erfühlen

drei Schritte, um mit Erfolg zu lernen. Nach zwanzig bis dreißig Minuten wird Ihr Pferd zur Losgelassenheit gelangen, und auch Sie machen sich allmählich vom Streß des Alltags oder der langen Autofahrt im Stau frei.

In der Übungsphase von etwa zwanzig Minuten wird Ihr Ausbilder Sie zunächst auffordern, vertraute, bereits gefestigte Lektionen zu reiten, um Ihnen dann Neues anzukündigen. Neue Übungen können Ihnen von einem fortgeschrittenen Reiter vorgemacht werden. Dann sind Ihre Augen gefordert, den Bewegungsablauf ganzheitlich aufzunehmen. Oder Ihr Lehrer läßt Sie zunächst am stehenden Pferd durch seine Mithilfe die korrekte Haltung erfühlen. Wenn es die Lektion zuläßt, werden Sie vielleicht sogar von Ihrem Ausbilder ermutigt, selbst eine Lösung zu suchen. Die Lösungsversuche aller Reiterinnen und Reiter werden danach zusammen mit dem Reitlehrer auf ihre Brauchbarkeit und Nützlichkeit besprochen. Bei dieser Methode ist Ihr ganzer, bereits erworbener Erfahrungsschatz an Kenntnissen und Fertigkeiten gefragt. Die sprachliche Vermittlung von Bewegungsabläufen sollte so knapp wie möglich sein, um nicht wieder Ihren Kopf damit zu füllen, was Sie mühevoll versuchten zu vergessen: die geistige Auseinandersetzung mit komplizierten Regelkreisläufen, Staubewältigungen auf der Autobahn oder die heute morgen in den Sand gesetzte Klassenarbeit.

Reiten heißt fühlen

Auch beim Üben werden immer wieder beruhigende Elemente eingebaut, die körperliche Belastung muß ausgewogen sein und das Reiten auf der linken und rechten Hand im Fünf-Minuten-Takt wechseln.

Wenn eine Übung gut klappt, Sie ein Aha-Erlebnis hatten, wird ein einfühlsamer Ausbilder Sie loben und keine zusätzlichen Übungseinheiten mehr oben draufsetzen. Hat eine Lektion einmal nicht so geklappt, wird er mit Geschick, fast unbemerkt, auf Übungen zurückgreifen, die Sie schon gut beherrschen, und Ihnen somit einen positiven Abschluß der Reitstunde ermöglichen. Nicht ganz uneigennützig, wie Sie vielleicht erst dachten: Ihr Reitlehrer möchte Sie nämlich als Kunde im Reitstall behalten.

Zu den lösenden Übungen zählt das Reiten am langen Zügel

Von Bedeutung für Ihren persönlichen Lernerfolg ist auch, ob Ihr Trainer seine Stimme so laut wie nötig, nicht monoton, aber stets sachlich und motivierend einsetzt. Seine Stimme benutzt er auch dazu, um Ihnen auf eine Korrektur hin die Meldung (feed back) über Ihre Bemühungen, es besser zu machen, zu geben. Nichtssagende, plakative oder sogar beleidigende Äußerungen wie »Jetzt sage ich es Ihnen aber zum letzten Mal« haben im Reitunterricht nichts verloren.

Dagegen können durchaus passende Vergleiche hilfreich für den Reitschüler sein. Der Satz »Wischen Sie den Sattel beim Galoppieren doch mit der Vorstellung aus, als ob Sie ein glattgelegtes Seidentuch mit Ihrem Gesäß im Sattel halten wollten.« kann als Lernhilfe für den geschmeidigen Sitz im Galopp sinnvoll sein. Der Phantasie Ihres Ausbilders sind hier keine Grenzen gesetzt.

Die letzten zehn Minuten der Reitstunde gehören der Entspannung, dem Beruhigen und Verschnaufen von Reiter und Pferd. Beim zufrieden dahinschreitenden Pferd am langen oder später mit hingegebenem Zügel können Sie Ihren Gedanken freien Raum lassen. Gedanken daran, was gut und was nicht so gut geklappt hat, was Sie das nächste Mal besser machen möchten. Am Ende des Unterrichts gehört das gemeinsame Erörtern des Erreichten dazu. Sind Sie dem gesetzten Ziel nähergekommen? Wo müssen gemeinsam weitere Anstrengungen unternommen werden? Vielleicht ist ein Pferdewechsel vorzunehmen? Fehler werden besprochen und nach Korrekturmöglichkeiten gesucht.

Bei einem solchen Unterricht sind Sie auf dem richtigen Weg: Selbstvertrauen in die eigenen Fähigkeiten wachsen, Selbständigkeit wird entwickelt, und der Spaß am Reiten nimmt mit jeder Reitstunde zu.

Im Trab über Cavalettis

Lösende Übungen

Neben Übergängen in den Grundgangarten, Reiten in großen, gebogenen Linien und Vorhandwendung hat vor allem die Cavalettiarbeit ein große Bedeutung bei lösenden Übungen – der Aufwärmphase für Reiter und Pferd.

Cavaletti bedeutet auf deutsch Bodenrick. Es ist eine 2,50 – 3 m lange Stange, die an beiden Enden auf etwa 40 cm hohen, sägebockartigen Kreuzen befestigt ist. Je nach Drehung der Kreuze können sie tief, halbhoch oder hoch eingestellt werden. Für den Reiter ist die Cavalettiarbeit eine gute Sitzschulung und Übung zur Verbesserung von Rhythmusgefühl und Gleichgewicht. Die Cavalettiarbeit beginnt beim Reitanfänger damit, daß in der Reitbahn ein einzelnes Cavaletti in niedrigster Position aufgestellt wird. Der Reitlehrer wird nun in der Abteilung mit großen Abständen oder als Einzelaufgabe den Reitanfänger im Schritt über das Cavaletti reiten lassen. Der Reiter muß hier darauf achten, daß er das Pferd in seiner Bewegung nicht stört. Dazu nimmt er den Oberkörper etwas vor die Senkrechte, das Gesäß bleibt am Sattel, und die Hände gehen rechts und links vom Mähnenkamm etwas nach vorne, ohne aber die Verbindung zum Pferdemaul zu verlieren. Im Laufe der Stunde werden noch ein oder zwei Cavalettis im Abstand von 80 – 90 cm dahinter gelegt. Der Reiter kann jetzt beim Reiten über die Cavalettis den Bewegungsablauf des Pferdes im Schritt deutlicher erfühlen.

Als nächstes kommt das Überwinden eines einzelnen Cavalettis aus dem Trab hinzu. Hier muß der Reiter wieder darauf achten, daß er mit dem Oberkörper etwas vor der Senkrechten bleibt, daß er den Steigbügel mehr durchtritt und sein Gewicht gut mit dem Fußgelenk bei tiefem Absatz abfedert. Darauf aufbauend wird die Cavalettiarbeit auf gebogener Linie geübt. Dabei ist es für den Reiter wichtig, daß er, obwohl er den gestreckten Dressursitz aufgibt, die exakte Hilfengebung beibehält.

Wenn der Reiter nun beim Reiten über Cavalettis im Schritt und Trab auf geraden und gebogenen Linien genügend Sicherheit gewonnen hat, kommt das Reiten über Cavalettis im Galopp dazu. Die Cavalettis im Trab werden etwa 1,20 – 1,30 m auseinander gelegt. Im Galopp wird der Abstand auf etwa 3,0 – 3,50 m verlängert. Bei der Arbeit im Galopp werden die Cavalettis in halbhoher oder hoher Position aufgestellt. Sie sind dann etwa 25 – 35 cm hoch. Es ist wichtig, daß der Reiter das Cavaletti gerade anreitet. Das Galoppieren über ein einzelnes Cavaletti, was nicht als Sprung bezeichnet wird, gibt dem Reitanfänger zum ersten Mal das Gefühl eines höheren Galoppsprungs und ist eine Vorübung zum Springen über Hindernisse.

Der Reitanfänger kann die Hände am Anfang auch auf dem Hals abstützen oder sich in der Mähne festhalten. Beim Galoppieren über mehrere Cavalettis hintereinander ist es wichtig, daß der Reiter sein Rhythmusgefühl behält und bei jedem Galoppsprung locker in der Hüfte nach vorne abknickt und in der Bewegung des Pferdes mitgeht.

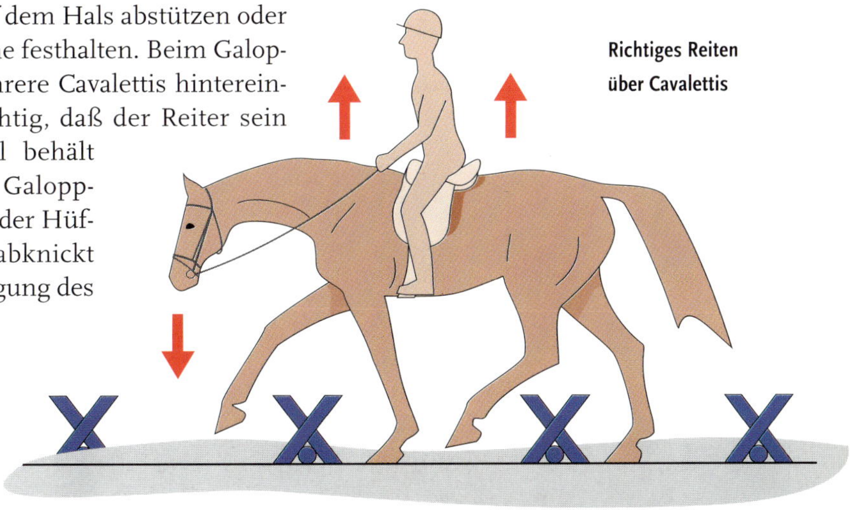

Richtiges Reiten über Cavalettis

Paraden

Als Paraden werden das Zusammenwirken von Gewichts-, Schenkel- und Zügelhilfen bezeichnet. Sie ermöglichen dem Reiter kontrolliertes, sicheres Reiten und geben gleichzeitig auch dem Pferd eine gewisse Sicherheit und werden vor allem in der Arbeitsphase geritten. Man unterscheidet halbe und ganze Paraden. Halbe Paraden werden eingesetzt, um die Gangart zu wechseln oder um innerhalb einer Gangart das Gangmaß zu regulieren, das heißt zu verkürzen oder zu verstärken. Der Reiter setzt halbe Paraden auch ein, um sein Pferd auf eine neue Aufgabe vorzubereiten, um die Haltung des Pferdes in der Bewegung zu erhalten oder zu verbessern.

Halbe Paraden werden durch ein kurzes, vermehrtes Einschließen des Pferdes zwischen die Gewichts-, Schenkel- und Zügelhilfen gegeben. Wichtig ist, daß jeder halben Parade auch eine nachgebende Zügelhilfe folgt. Sobald der Reiter merkt, daß das Pferd auch nur andeutungsweise auf die halbe Parade, also auf das Annehmen des Zügels reagiert, muß der Reiter in der Hand leichter werden, darf also nicht mehr soviel Druck auf dem Zügel haben. Die halbe Parade wird so oft wiederholt, bis der Reiter das Gefühl hat, daß das Pferd sie annimmt. Es gibt nun kein Patentrezept dafür, wie viele halbe Paraden Sie geben müssen, um eine Lektion einzuleiten oder das Pferd aufmerksam zu machen. Das hängt von der Durchlässigkeit des Pferdes

Leichttraben ist ein Hauptelement der Lösungsphase

ab und auch von der Übereinstimmung zwischen Pferd und Reiter. Im Laufe der Ausbildung werden die Durchlässigkeit, die Geschmeidigkeit und auch der Gehorsam des Pferdes verbessert. So wird es auch für den Reiter möglich, sicherer und gefühlvoller auf sein Pferd einzuwirken. Bei guter Durchlässigkeit nimmt das Pferd die treibende Einwirkung der Parade besser an, bekommt einen deutlicheren Impuls nach vorne und tritt vermehrt an die Hand des Reiters heran, was eine sichere Anlehnung zur Folge hat. So kann im Laufe der Zeit die Zügelhilfe immer feiner gegeben werden. Das Pferd tritt dadurch von selbst leichter an das Gebiß heran.

Die Anlehnung

Bei den halben Paraden kann die Zügelhilfe auch nur an einem Zügel gegeben werden, der andere Zügel muß dann jedoch ruhig gegengehalten werden. Das bedeutet, daß dieser Zügel verwahrend wirkt, da sonst das Gebiß durch das Pferdemaul gezogen wird. Durch die gleichzeitig treibenden Hilfen werden die Hinterbeine des Pferdes zum vermehrten Herantreten angeregt und auf der geraden Linie an beide Zügel, auf gebogener Linie vermehrt an den äußeren Zügel herangetrieben.

Die ganzen Paraden können aus allen Grundgangarten erfolgen. Der Anfänger übt sie zunächst aus dem Schritt und später dann aus dem Trab. Die ganze Parade zum Halten aus dem Galopp ist schwierig, da hierzu eine hohe Durchlässigkeit erforderlich ist. Diese Lektion kann nur von fortgeschrittenen Reitern ausgeführt werden.

Die Hilfengebung zur ganzen Parade erfolgt wie bei den halben Paraden, nur daß das Pferd für einen kurzen Moment mit Gewichts- und Schenkelhilfen an die stehende Hand, also durchhaltende Zügelhilfe getrieben wird, so daß es zum Halten kommt.

Ziel des Reiters sollte immer sein, die halben und ganzen Paraden so unsichtbar und fein wie möglich zu reiten. Denn je besser dies gelingt, desto größer ist die Harmonie zwischen Reiter und Pferd.

Takt und Losgelassenheit

Bei der dressurmäßigen Ausbildung des Pferdes handelt es sich um keinerlei Abrichtung des Pferdes, sondern um ein Geschmeidigmachen seines Körpers. Daher sollte das Wort Dressur weitgehend durch das Wort Gymnastizierung ersetzt werden.

Die Ausbildungsskala, die sich wie ein roter Faden durch die Schulung und Ausbildung des Pferdes zieht, umfaßt sechs Begriffe. Diese Begriffe sind sehr eng miteinander verbunden und gehen ineinander über. Es sind dies die Punkte:

- Takt
- Losgelassenheit
- Anlehnung
- Schwung
- Geraderichten
- Versammlung

Pferde erholen sich am besten durch Aufenthalte auf der Weide

Der gefühlvolle Ausbilder wird in der Grundausbildung Erziehung und Gewöhnung und vor allem eine vertrauensvolle Zusammenarbeit mit dem Pferd anstreben.

Takt und Losgelassenheit sind wichtige Voraussetzungen für jegliche Harmonie zwischen Pferd und Reiter. Sie sind auch die Grundlage für mühelose und spielerisch aussehende Bewegungen.

Die Losgelassenheit ermöglicht dem Rücken des Pferdes, als Bewegungszentrum zu fungieren, denn nur ein gut über den Rücken gehendes Pferd wird neben der mehr oder weniger korrekten technischen Ausführung einer Lektion dem Reiter das angestrebte gute Gefühl vermitteln können. Außerdem wird nur das losgelassene Pferd die Hilfengebung seines Reiters annehmen, ohne sich dabei zu verkrampfen, zu verspannen oder sogar Vertrauen zu verlieren.

Es gibt keine Regel über die Zeitdauer, in der ein Pferd die Losgelassenheit erreicht, da dies von Pferd zu Pferd verschieden ist. Wichtig ist aber für den Reiter und den Ausbilder, in der Bahn die Merkmale der Losgelassenheit mit sicherem Blick zu erkennen. Ein Pferd ist losgelassen, wenn es taktmäßig

Entspannung nach der Arbeit

PROFI·TIP

Nadine Capellmann

Mein Pferd geht losgelassen, wenn es bereit ist, in den drei Grundgangarten den Hals nach vorwärts-abwärts zu dehnen. Es sollte eine leichte, aber konstante Anlehnung haben, im Rücken losgelassen schwingen und an den Hilfen von Kreuz und Schenkel stehen. Ein Zeichen der Losgelassenheit ist ebenso der zufriedene Gesichtsausdruck des Pferdes und der getragene, mit der Bewegung pendelnde Schweif.

tritt, wenn es den Rücken hergibt, so daß der Reiter zum Sitzen und zum Treiben kommt, wenn es den Hals nach vorwärts abwärts an die Hand des Reiters herandehnt und den Schweif natürlich und ohne jede Spannung trägt. Der ruhige und ausbalancierte, gestreckte Sitz des Reiters ist für den Betrachter eines der augenfälligsten Merkmale des losgelassen gehenden Pferdes.

Lösende Lektionen für das junge Pferd, aber auch für schon ausgebildete Pferde sind das Schrittreiten am langen Zügel, das Leichttraben am langen und danach am aufgenommenen Zügel, das Reiten von großen gebogenen Linien und Wendungen in den Grundgangarten, die Vorhandwendung, das Galoppieren im leichten Sitz und der häufige Wechsel zwischen Trab und Galopp. Auch das Schenkelweichen, die Cavalettiarbeit im Trab und im Galopp sowie das Springen kleinerer Hindernisse sind lösende Übungen, ebenfalls das Freilaufen des Pferdes in der geschlossenen Reitbahn und das Freispringen.

Entspannen gehört dazu

Das Entspannen nach getaner Arbeit bezieht auch Ihren Partner Pferd mit ein. Kritisch sollen Sie nun prüfen, ob Ihr Pferd locker in der Muskulatur, zufrieden am langen oder auch mit hingegebenem Zügel daherschreitet, ohne daß Sie das Gefühl haben, auf einem Pulverfaß zu sitzen. Der Rücken Ihres Pferdes bewegt sich im Takt des Schrittes, der Schweif wird frei getragen und ist nicht eingeklemmt wie die Rute

Die Losgelassenheit kann durch Verlängern der Trabtritte verbessert werden

Ihres Hundes nach der Standpauke wegen der verwegenen Jagd auf Nachbars Rassehühner. Das Pferdemaul folgt weich Ihrer Zügelhand wie die Harmonika der Hand des Musikers. Und wenn Sie jetzt noch das ganz aus der Tiefe der Lungen kommende Abschnauben Ihres Pferdes hören, was mit inbrünstigem, Zufriedenheit bekundendem Stöhnen verbunden sein kann, können auch Sie zuversichtlich über Ihre Reitkünste sein.

Wenn sich die Pferde kennen, halten manche Reiterinnen und Reiter auch gerne noch ein Schwätzchen, nebeneinander von Sattel zu Sattel sozusagen. Dagegen ist nichts einzuwenden, wenn der Platz es erlaubt und andere Reiter nicht gestört werden. Sie können auch um die Reitanlage im Schritt oder für kurze Zeit noch eine Runde ins Gelände reiten. Nur eines sollten Sie nicht, nämlich wieder mit Übungen oder Lektionen beginnen. Erholungsphase heißt entspannen, auch für Ihr Pferd. Vielleicht kommen Sie auf Ihrer Runde an einem Bach vorbei. Das Wasser bietet sich zum Kühlen der Sehnen und Bänder der Pferdebeine an. Wenn Ihr Pferd Wasser kennt, gibt es nichts Besseres als diese Nachversorgung der Pferdebeine. Trockenführen, Abwaschen des Felles und anschließendes Trockenreiben oder auch ein zehnminütiger Aufenthalt unter einem Solarium kann dem Pferd guttun. Wenn dann das Pferd den Rücken lang macht, den Hals reckt, die Oberlippe immer länger werden läßt, die Ohren entspannt zur Seite dreht und Sie mit halb geschlossenen Augen zum »Mach weiter so!« auffordert, haben Sie viel für die Entspannung und das Wohlbefinden Ihres Pferdes getan.

Dehnungshaltung im Schritt als Zeichen der Losgelassenheit

PROFI·TIP

Nadine Capellmann

Die richtige Anlehnung erreiche ich von hinten nach vorne mit Gewicht- und Schenkelhilfen. Versuchen Sie nicht, das Pferd mit der Hand beizuzäumen.

Korrekt am Zügel gehendes Pferd

Anlehnung und Schwung

DIE ANLEHNUNG Die weiche und stete Verbindung zwischen der Hand des Reiters und dem Pferdemaul wird als Anlehnung bezeichnet. Sie soll an beiden Zügeln gleichmäßig sein und den Gegenpol zu den treibenden Hilfen des Reiters darstellen, damit sich diese nicht nach vorne verlieren.

Es ist sehr wichtig, daß die Anlehnung beständig und gleichmäßig ist. Ein häufig springender Zügel ist genauso fehlerhaft wie eine starre oder feste Verbindung, vor allem, wenn der Reiter noch nicht gelernt hat, mit aufrechten und geschlossenen Zügelfäusten zu reiten.

Die Anlehnung ist in Ordnung, wenn das Pferd bei vortreibenden Hilfen des Reiters und bei leichter Genickbiegung willig an das Gebiß herantritt, zufrieden auf ihm kaut und sich beim Zügel-aus-derHand-kauen-lassen in Dehnungshaltung nach vorwärts-abwärts streckt. Bei Reitern, die das Gefühl für das Zusammenwirken der Hilfen noch nicht erlernt haben, eignen sich in diesem Ausbildungsabschnitt Ausbindezügel. Das Pferd soll deutlich am Ausbindezügel bzw. am Zügel stehen.

Fehlerhafte Arten der Anlehnung sind, wenn das Pferd über dem Zügel, gegen den Zügel oder hinter dem Zügel geht. Das über dem Zügel gehende Pferd muß durch vorübergehend durchhaltende Zügelhilfen in Verbindung mit energischem Treiben zum Herantreten an das Gebiß und zur Biegung des Halses veranlaßt werden. Tritt der Erfolg ein, muß sofort die nachgebende Zügelhilfe für die nötige Dehnung des Halses in die Tiefe sorgen und damit sicherstellen, daß der Rücken zu schwingen beginnen kann. Mehrere annehmende Zügelhilfen in Verbindung mit nachgebenden Hilfen und den vortreibenden Schenkelhilfen sollen das gegen den Zügel gehende Pferd zum weichen Herantreten an das Gebiß veranlassen. Energisch vortreibende Hilfen in Verbindung mit der nachgebenden Hand sollen es dem Pferd unmöglich machen, sich hinter dem Zügel zu verkriechen und die treibenden Einwirkungen des Reiters auszuschalten.

Ohne eine sichere und konstante Anlehnung ist die Entwicklung der nächsten Punkte der Ausbildungsskala in jedem Fall zum Scheitern verurteilt. Insgesamt muß man hier noch einmal bemerken, daß das Pferd normalerweise die Anlehnung anbietet und der Reiter sie dann annimmt.

Da Pferde auch sehr unterschiedlich sensibel im Maul sein können und je nach Alter und Ausbildungsstand leichter oder schwerer in Anlehnung gehen können, gilt der Grundsatz: So leicht wie möglich – so fest wie nötig, was bedeutet, daß der Reiter unter Umständen auch einmal mehr Gewicht auf der Hand hat, aber versuchen muß, so schnell wie möglich wieder leicht in der Hand zu werden, um wieder eine feine Verbindung herzustellen.

Hinter dem Zügel gehendes Pferd

Gegen den Zügel gehendes Pferd

Stark über dem Zügel gehendes Pferd

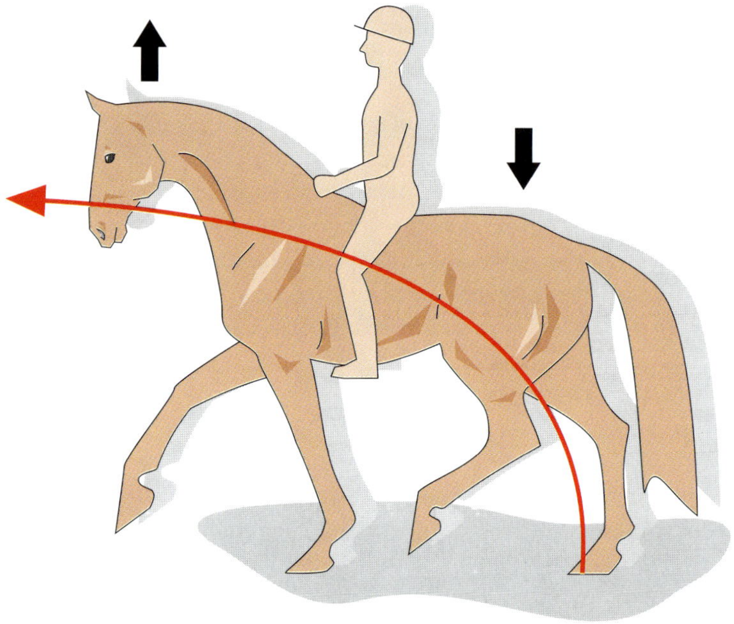

Die Entwicklung von Schwung

DER SCHWUNG Damit ist die Entwicklung der Schubkraft und des Ganges gemeint. Schwung kommt von Schwingen, und das kann nur der Rücken des Pferdes. Durch die im Verlauf der Ausbildung stärker einwirkenden treibenden Hilfen des Reiters in Verbindung mit der korrekten Anlehnung sollen die Hinterbeine zum weiteren Vortreten unter die Last des Reiters und zum energischeren Abfußen gebracht werden.

Durch das energischere Abfußen wird der Rücken des Pferdes, der bisher willig das Gewicht des Reiters aufgenommen und getragen hat, zu vermehrter Tätigkeit seiner Muskulatur und damit zum Schwingen gebracht. Durch die systematische Entwicklung dieser schiebenden Kraft aus der Hinterhand wird in fast allen Fällen auch eine Verbesserung der Aktion der Vorderbeine erzielt.

Der Ausbilder muß sich jedoch darüber im klaren sein, daß enormes Treten der Vorderbeine in den freien Gängen ohne das Herantreten der Hinterbeine keine richtig entwickelte Mechanik ist und damit der Entwicklung des Schubes und des schwingenden Rückens entgegenarbeitet. In der Arbeit sind die freien Bewegungen des Pferdes ruhig und besonnen mit fein abgestimmten Hilfen zu entwickeln. Jedes Übereilen der Mechanik einer Gangart führt zum Verlust der ruhigen und trotz allem energischen Bewegung des Pferdes.

Beim Zurückführen des Tempos zum normalen Grundtempo, also im Trab zum Arbeitstrab, ist oben beschriebene abgestimmte Hilfengebung natürlich genauso wichtig. Jedes ruckartige Aufnehmen ist zu vermeiden.

Übungen zur Verbesserung von Schwung und Schubkraftentwicklung sind das häufige Zulegen und Wiedereinfangen im Trab und Galopp. Vor allem im Galopp sind die Tempounterschiede auf gebogenen Linien, wie zum Beispiel auf dem Zirkel, von hohem gymnastizierendem Wert.

Das Verlängern und Verkürzen der Trabtritte im Wechsel führt beim Pferd zu fleißigerem und energischerem Abfußen und somit zum vermehrten Beugen der Hanken, der Hüft- und Kniegelenke des Pferdes als im Arbeitstrab.

Ein schwungvoll gehendes Pferd

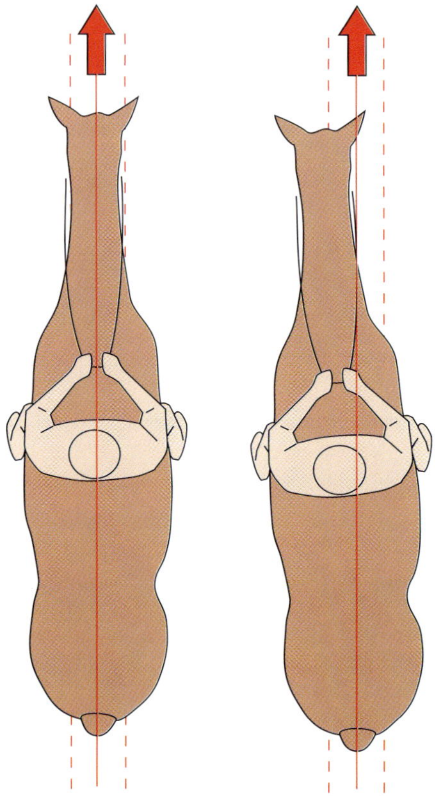

Geraderichten des Pferdes

Geraderichten

Um der natürlichen Schiefe des Pferdes entgegenzuwirken, die durch die Lage des Fohlens im Mutterleib und durch die Tatsache, daß das junge Pferd hinten breiter ist als vorne, bedingt ist, erfolgt das Geraderichten des Pferdes während des Reitens.

Das je nach Alter und Ausbildungsstand geradegerichtete Pferd, das an beide Zügel gleichmäßig herantritt und mit den Hinterbeinen den Vorderbeinen fleißig folgt, wird seine Schubkraft voll entwickeln können und dem Reiter die Möglichkeit geben, mit der versammelnden Arbeit zu beginnen.

Geradegerichtet wird ein Pferd dadurch, daß die Vorhand auf die Hinterhand eingestellt wird – nicht umgekehrt. Im ersten Stadium der Ausbildung ist die Lektion, den inneren Schenkel weichen zu lassen, eine wertvolle Hilfe. Später wird die stufenweise Entwicklung der Längsbiegung notwendig, da das Pferd auch auf gebogenen Linien geradegerichtet sein soll. Nur ein Pferd, welches sich in Verbindung mit einer korrekten Stellung in seiner Rippenpartie biegen kann, kann auch auf gebogenen Linien mit seinen Hinterbeinen den Vorderbeinen folgen und somit auch ohne geradeaus zu gehen geradegerichtet sein. In diesem fortgeschrittenen Stadium der Ausbildung sind die Lektionen »Schulter vor« und »Schulter herein« sehr wichtig, da sie die Längsbiegung des Pferdes unterstützen und fördern. Weitere Übungen zur Verbesserung der Geraderichtung ist das zeitlich gleichmäßige Reiten des Pferdes auf beiden Händen. Auch der häufige Wechsel von geraden und gebogenen Linien, im Tempo zulegen und wieder einfangen fördern die Geraderichtung. Die geraderichtende Arbeit unter dem Reiter kann auch sehr gut im Wechsel mit dem Reiten durch Longenarbeit erreicht werden. Hier ist es wiederum wichtig, daß das Pferd gleichmäßig auf beiden Händen gearbeitet wird. Unabhängig von Alter und Ausbildungsstand kann hierbei mit sinnvoll aufgebauten Cavalettis gearbeitet werden. Auch das gleichmäßige Vergrößern und Verkleinern des Zirkels im Trab und im Galopp fördert die Geraderichtung und ist gleichzeitig eine sinnvolle Übung zur Verbesserung der Längsbiegung. Auch das ausgiebige Galoppieren des Pferdes im Gelände sowie das Reiten in unebenem Gelände bergauf und vor allem bergab fördern nicht nur die Geraderichtung, sondern auch die Trittsicherheit des Pferdes.

Die Versammlung

Die Entwicklung der tragenden Kraft der Hinterhand wird als Versammlung bezeichnet. Die Gelenke der Hinterhand, Sprunggelenk, Kniegelenk und Hüftgelenk werden vermehrt gebeugt, was man in der Fachsprache als Hankenbeugung bezeichnet. Durch die vermehrte Lastaufnahme der Hinterhand wird die Vorhand entlastet. Dies beweist, daß die korrekte Ausbildung bis zur Versammlung zur Gesunderhaltung des Pferdes beiträgt. Das korrekte und fein abgestimmte Zusammenwirken aller Hilfen sorgt für die notwendige Durchlässigkeit. Das Pferd beugt sich in den Hanken und nimmt die Last seines eigenen Körpers und die Last des Reiters in zunehmendem Maße mit seiner Hinterhand auf. Die Schritte, Tritte und Sprünge werden in der Versammlung kürzer, energischer und erhabener. In allen versammelten Gängen soll für den Reiter das Gefühl des Bergaufreitens entstehen.

Die Schubkraft der Hinterhand darf dabei auf keinen

Fall verlorengehen. Sie soll sich jedoch nicht ausschließlich nach vorne, sondern durch das vermehrte Einsetzen der Tragkraft nach vorwärts-aufwärts entwickeln. Die elastische und gefühlvolle Hand des Reiters in Verbindung mit seinen vortreibenden Hilfen und einem geschmeidigen Sitz hilft dem Pferd, den Schub aufzufangen und in Versammlung umzuwandeln.

Dies hört sich ausgesprochen schwierig an, aber diejenigen, die durch Talent und Begabung begünstigt sind, werden nach einigen Jahren regelmäßigen Reitens mit der Versammlung in Berührung kommen. Lektionen, die zur Versammlung führen, sind alle Übungen, bei denen die Hinterhand des Pferdes vermehrt zur Lastaufnahme veranlaßt wird. Dies ist der häufige Wechsel zwischen den Gangarten und das Entwickeln von Tempounterschieden in den schwunghaften Gangarten Trab und Galopp. Paraden und Übergänge, vor allem die

Schwungentfaltung aus der Versammlung bei guter Beugung der Hanken

Die Skala der Ausbildung

- **TAKT** Zeitliches und räumliches Gleichmaß der Bewegungen in allen drei Grundgangarten.
- **LOSGELASSENHEIT** Physische und psychische Zwanglosigkeit des Pferdes.
- **ANLEHNUNG** Weiche, aber stete Verbindung zwischen der Hand des Reiters und dem Pferdemaul.
- **SCHWUNG** Entwicklung der Schubkraft und des Ganges.
- **GERADERICHTEN** Der natürlichen Schiefe des Pferdes wird durch die geraderichtende Arbeit entgegengewirkt.
- **VERSAMMLUNG** Entwicklung der Tragkraft und dadurch vermehrtes Beugen der Gelenke der Hinterhand und somit Entlastung der Vorhand.

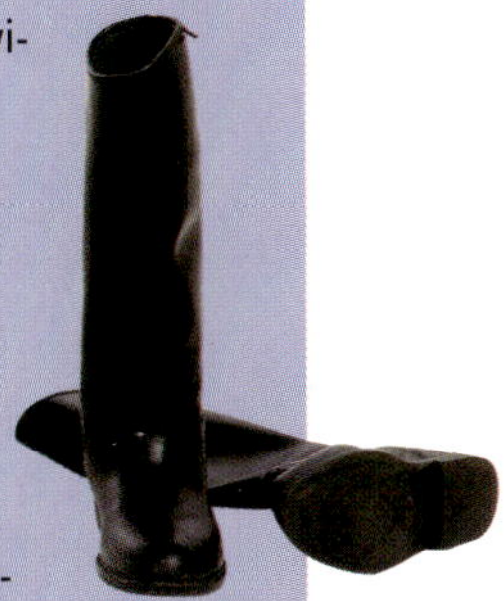

ganze Parade zum Halten und das Antraben aus dem Halten sind versammelnde Übungen. Eine der ersten versammelnden Übungen, die schon in der Klasse A vorkommen, sind die Lektion Rückwärtsrichten und der einfache Galoppwechsel.

Ein vielseitig orientierter Ausbilder von jungen Pferden wird darauf achten, daß die Ausbildungsskala nicht nur für die Ausbildung von Dressurpferden, sondern vor allem auch für die Ausbildung von sicher zu reitenden Gelände- und Springpferden angewandt wird, denn nur ein taktmäßig galoppierendes Pferd kann den ruhigen und gleichmäßigen Rhythmus beim Bergauf- und Bergabreiten und vor allem beim Reiten zwischen Hindernissen bewahren. Die Anlehnung gibt dem Reiter die Möglichkeit, das Tempo des Pferdes im Gelände und auch im Parcours zu regulieren. Die richtig entwickelte Schubkraft erlaubt dem Pferd das sichere und energische Abspringen am Hindernis sowohl in der Reitbahn als auch im Gelände. Durch die Geraderichtung kann das Pferd seine Kräfte optimal in die richtige Richtung einsetzen.

Das systematische Ausbilden eines Pferdes nach der Ausbildungsskala, also nach den Grundsätzen der klassischen Reiterei, stellt eine für jedes Pferd gewaltlose und vertrauensvolle Ausbildungsmethode dar. – Sie brauchen allerdings Zeit dazu.

Selbständig reiten

Für die meisten Reiter ist nicht der Leistungsport das Ziel, sondern Spaß und Freude in der Freizeit, sei es beim Reiten in der Halle oder in der freien Natur.

Mit einer vielseitigen Vorbereitung hat der Reiter bei genügend Training die Möglichkeit, ein bestimmtes Ziel zu erreichen, sei es der Erwerb des Reiterpasses, generell das sichere Reiten im Gelände oder die Teilnahme an Aktivitäten wie Quadrillenreiten.

Durch das Reiten korrekter Hufschlagfiguren überprüft und verfeinert der Reiter seine Einwirkung auf das Pferd. Beim Reiten auf geraden oder auf gebogenen Linien wie den Schlangenlinien kommt es darauf an, gefühlvoll, aber auch reaktionsschnell im Wechsel der verschiedenen Hilfen auf das Pferd einzuwirken. Die Vorhandwendung aus dem Halten, das Schenkelweichen aus dem Schritt oder aus dem gemäßigten Arbeitstrab sind als lösende Lektionen für den Reiter wichtige Übungen zum Erlernen des richtigen Zusammenwirkens der Hilfen.

Darüber hinaus gehört zur Grundausbildung auch das Springen, sowohl in der Reitbahn als auch beim Geländereiten.

Sicher reiten in Bahn und Gelände

88 ▸ Hufschlagfiguren
102 ▸ Springgymnastik
106 ▸ Hindernisreihen
110 ▸ Reiten im Gelände
113 ▸ Reitpaß
115 ▸ Vielfalt des Reitens

Das Reiten im Viereck – wie auf einer Perlenschnur

▸ Die Hufschlagfiguren

Hufschlagfiguren sind Arbeitslinien, die sich im Laufe der Jahrhunderte entwickelt und auch bewährt haben. Die eigentliche Reitausbildung und das Lernen der Hufschlagfiguren findet meist auf einem Viereck statt, das die Maße 20 m x 40 m hat.

Hufschlagfiguren werden auch als Hufschlaglinien bezeichnet. Ein Reiten auf diesen Linien trägt dazu bei, Pferde zur Losgelassenheit zu bringen und geschmeidig und gehorsam zu machen.

Das Ziel der allmählichen Verbesserung von Durchlässigkeit und Versammlung wird durch korrektes Reiten der Hufschlagfiguren ebenfalls erreicht. Auch eine gewisse Ordnung wird durch das Reiten von Hufschlagfiguren hergestellt, an die sich, zur Sicherheit aller in der Reitbahn befindlichen Reiter und Pferde, jeder Reiter halten sollte.

Einheitliche Bahnbezeichnungen und Regeln dienen nicht nur der allgemeinen Verständigung, sondern auch der Unfallverhütung. Jeder Reiter sollte deswegen einschlägige Kenntnisse der Bahnordnung haben, um ein ordnungsgemäßes und gefahrloses Reiten sicherzustellen.

Die Grundausbildung der Reiter und das Aufgabenreiten der Klassen E bis L finden auf dem 20 m x 40 m Viereck statt. Die Markierungen oder Bahnpunkte lauten folgendermaßen:

Die Buchstaben A und C kennzeichnen jeweils die Mitte der kurzen Seiten. Die Buchstaben B und E, auch als HB-Punkte bezeichnet, befinden sich in der Mitte der langen Seiten. D und G befinden sich auf der Mittellinie, und zwar jeweils zwischen den Wechselpunkten. Die vier Wechselpunkte werden mit M, F, K, H bezeichnet und sind jeweils sechs Meter von der kurzen Seite entfernt. Zusätzlich gibt es noch vier Zirkelpunkte. Diese sind nicht mit Buchstaben, sondern mit großen, schwarzen Punkten markiert. Bei einer Reitbahngröße von 20 m x 40 m sind die Zirkelpunkte jeweils zehn Meter von der kurzen Seite entfernt. Der Mittelpunkt des Vierecks zwischen B und E wird mit dem Buchstaben X bezeichnet. Eine Eselsbrücke für die Anordnung der Bahnpunkte lautet bei M begonnen: »**M**ein **B**ester **F**reund **A**nton **K**ann **E**inen **H**eben, **C**heerio!«

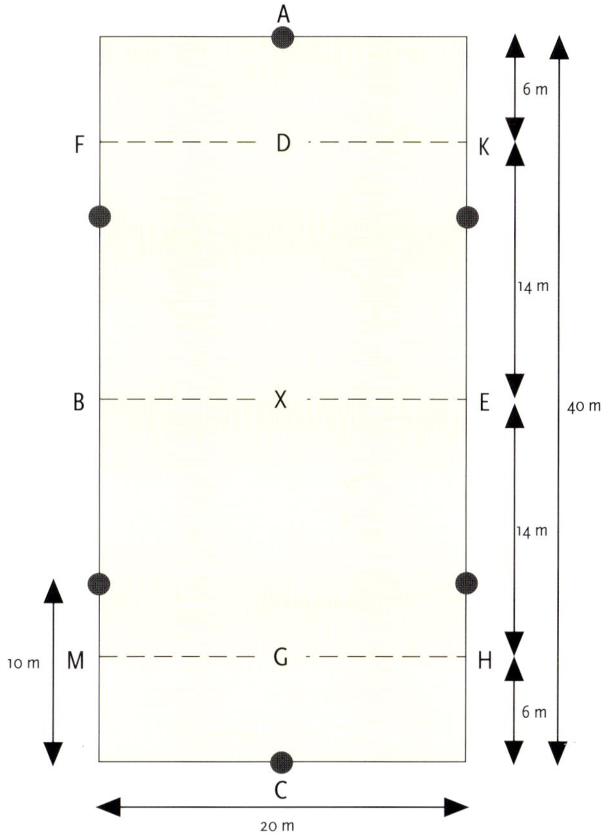

Die Punkte der Reitbahn

Eine Bahnordnung gewährleistet, daß mehrere Reiter gleichzeitig auf dem Reitplatz oder in der Reithalle trainieren können, ohne sich gegenseitig zu behindern. Es beginnt damit, daß vor dem Betreten einer Reitbahn beziehungsweise vor dem Öffnen der Tür sich der Reiter vergewissert, ob er eintreten kann. Mit dem lauten und deutlichen Ruf: »Tür frei, bitte!« und durch Abwarten der Antwort des sich in der Bahn befindlichen Reitlehrers oder Reiters: »Tür ist frei!«, kann die Tür gefahrlos geöffnet und die Bahn betreten werden. Das gleiche gilt natürlich auch beim Verlassen der Reitbahn. Das Auf- und Absitzen, sowie auch das Halten zum Nachgurten bei Reitanfängern – fortgeschrittene Reiter gurten im Schritt nach – erfolgt stets in der Mitte eines Zirkels oder auf der Mittellinie. Von Abstand spricht man, wenn die Pferde hintereinander gehen, von Zwischenraum, wenn die Pferde nebeneinander gehen oder stehen. Jeweils ist ein Sicherheitsabstand von mindestens drei Schritten (2,50 m) einzuhalten. Wer Schritt reitet oder pausiert, überläßt den trabenden oder galoppierenden Reitern den ersten Hufschlag und weicht den entgegenkommenden Reitern rechtzeitig auf den zweiten Hufschlag aus. Das Durchparieren zum Schritt, wenn mehrere Reiter in verschiedenen Gangarten durcheinanderreiten, muß grundsätzlich auf dem zweiten Hufschlag erfolgen. Reitet man auf dem Zirkel, so gibt man den ganze Bahn reitenden Reitern den ersten Hufschlag frei. Wenn man gleichzeitig auf beiden Händen reitet, wird den Entgegenkommenden rechts ausgewichen.

Auf dem zweiten Hufschlag geritten

Ganze Bahn auf dem ersten Hufschlag

GANZE-BAHN-REITEN

Dabei ist das korrekte Durchreiten der Ecken besonders wichtig. Beim Durchreiten der Ecken besteht die Aufgabe des Reiters darin, das Pferd wie auf einem Viertelkreisbogen einer Volte mit der entsprechenden Hilfengebung, das heißt verwahrender äußerer Zügel und Schenkel, Stellung gebender innerer Zügel, biegender und treibender innerer Schenkel, durch die Ecke zu führen.

Hufschlagfiguren und Lektionen

- Durch die ganze Bahn wechseln
- Durch die halbe Bahn wechseln
- Aus dem Zirkel wechseln
- Durch den Zirkel wechseln
- Durch die Länge der Bahn wechseln
- Aus der Ecke kehrt
- Kehrtvolte
- Schlangenlinien durch die ganze Bahn mit gerader Anzahl von Bögen
- Vorhandwendung
- Kurzkehrtwendung
- Hinterhandwendung

REITEN AUF DEM ZWEITEN HUFSCHLAG Die äußeren Hilfen sind dabei von besonderer Bedeutung, da das Pferd ohne zu schwanken etwa einen Meter von der Bahnbegrenzung oder Bande entfernt gerade gehen soll. Das Reiten auf dem zweiten Hufschlag ist für den Reiter eine gute Überprüfung seiner bisher erlernten Hilfengebung, da vor allem Schulpferde gerne im Hintereinanderherreiten über die äußere Schulter auf den ersten Hufschlag zurückdrängeln.

Korrektes Durchreiten einer Ecke

ZIRKELREITEN Wie alle Übungen, die auf gebogenen Linien stattfinden, ist das Zirkelreiten für das Pferd eine gute gymnastizierende und lösende Arbeit. Es kommt darauf an, daß der Reiter aus seinem Sitz heraus das Pferd zwischen Gewichts-, Schenkel- und Zügelhilfen auf der gebogenen Linie von Zirkelpunkt zu Zirkelpunkt gleichmäßig in Stellung und Biegung reiten kann. Der häufigste Fehler beim Reiten auf dem Zirkel besteht darin, daß die Reiter auf der geschlossenen Seite des Zirkels, also bei A oder C, die Ecken zu tief durchreiten. An der offenen Zirkelseite ist es wichtig, daß der Reiter darauf achtet, daß das Pferd nicht über die äußere Schulter ausweicht. Wie in der Zeichnung zu sehen, wird der Zirkel als korrekter Kreis geritten und der erste Hufschlag lediglich tangiert.

Im fortgeschrittenen Ausbildungsstand ist das Zirkelverkleinern und wieder -vergrößern eine gute Übung zur feineren Abstimmung der reiterlichen Hilfen und somit eine versammelnde Übung. Das Zirkelverkleinern ist eine traversartige Lektion. Hierbei wird das Pferd im Ablauf des Verkleinerns immer deutlicher gebogen und das Tempo verkürzt. Durch deutlichere treibende Hilfen des Reiters mit beiden Schenkeln, der innere Schenkel liegt dabei am Sattelgurt, der äußere eine Handbreit hinter dem Sattelgurt, wird das Pferd zum vermehrten Untertreten aufgefordert. Es ist wichtig, daß der Reiter beim Verkleinern des Zirkels deutlich sein Gewicht auf die innere Gesäßhälfte verlagert, um das Pferd damit aufzufordern, nach innen unter das Reitergewicht zu treten.

Diese Übung kann je nach Ausbildungsstand des Pferdes bis auf die Größe einer Volte ausgeführt werden.

Daraus erfolgt das schulterhereinartige Vergrößern. Über mehrere Zirkelrunden wird durch verstärktes Treiben mit dem inneren Schenkel, der äußere Schenkel ist dabei verwahrend, also passiv, gleichbleibender Stellung und geringerer Biegung der Zirkel schulterhereinartig vergrößert.

Zirkellinien in der Reitbahn

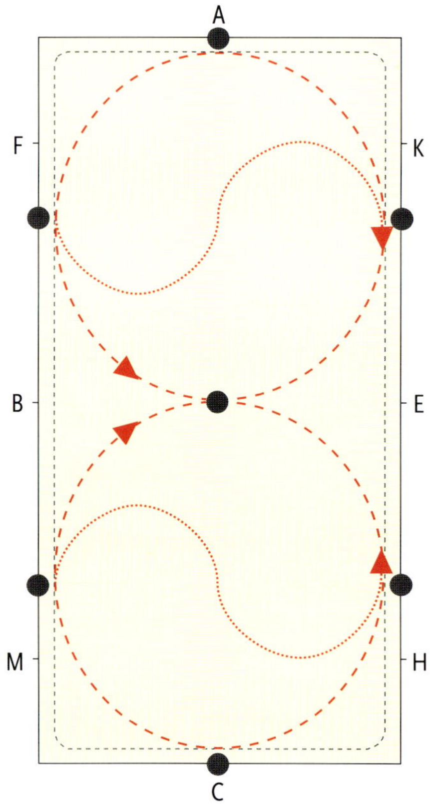

Reiten auf dem Zirkel

AUS DEM ZIRKEL WECHSELN Dabei wechselt der Reiter die Hand und muß folgendes beachten: Über X hinweg hat der Reiter eine Pferdelänge (2,50 m) Zeit, sein Pferd auf die neue Hand einzustellen. Das gestellte und gebogene Pferd wird über X umgestellt und um den neuen inneren Schenkel gebogen. Der neue äußere Schenkel kommt dabei in verwahrende Position. Der neue innere stellunggebende Zügel muß gegebenenfalls etwas verkürzt werden. Dabei wirkt der neue äußere Zügel verwahrend. Bei den Gewichtshilfen verlagert der Reiter sein Gewicht vermehrt auf die neue innere Seite und tritt dazu den neuen inneren Steigbügel deutlicher durch. Vor dem Übergang auf die neue Hand wird das Pferd eine Pferdelänge geradeaus gerichtet, bevor es die neue Biegung und Stellung auf der neuen Hand erhält.

DURCH DEN ZIRKEL WECHSELN Wenn man den Handwechsel vornimmt, indem man durch den Zirkel wechselt, wird über D oder G von der offenen zur geschlossenen Zirkelseite geritten. Reitet man diese Übung mehrmals hintereinander, entsteht die Figur einer Acht. Diese Übung verbessert bei ausbalanciertem Sitz des Reiters erheblich die Durchlässigkeit des Pferdes, und auch für den Reiter ist es eine gute Übung zum Erlernen des schnellen Wechsels zwischen den unterschiedlichen Hilfen.

Durch die ganze Bahn wechseln

DURCH DIE GANZE BAHN WECHSELN Dies kann von F nach H oder von H nach F oder K nach M oder M nach K erfolgen. Hier ist es wichtig, daß schnurgeradeaus geritten und daß das Pferd gleichmäßig zwischen den Schenkeln und Zügeln des Reiters über X geradeaus geritten wird. Das Abwenden erfolgt, wenn die äußere Schulter des Pferdes am Wechselpunkt ist. Ebenfalls ist durch rechtzeitiges Biegen des Pferdes darauf zu achten, daß die neue äußere Schulter zuerst am Wechselpunkt ankommt und die Ecke wieder korrekt durchritten wird.

DURCH DIE LÄNGE DER BAHN GERITTEN ODER WECHSELN Wenn man durch die Länge der Bahn reitet, führt dies nicht zum Handwechsel, sondern man bleibt auf der gleichen Hand. Durch die Länge der Bahn wechseln allerdings bedeutet, daß man auf der Linie von A nach C oder C nach A über X die Hand wechselt. Das Abwenden oder Einreiten auf die Mittellinie ist der Beginn und das Ende jeder Dressuraufgabe. Dabei ist es wichtig, im richtigen Moment von der kurzen Seite abzuwenden, um auch genau die Mittellinie zu treffen. Ein Fehler, der dabei häufig vorkommt, ist das Überreiten der Mittellinie. Dabei fängt das Pferd an zu schwanken. Ein leichtes Zulegen beim Abwenden auf die Mittellinie erleichtert das Geradeausreiten.

DURCH DIE HALBE BAHN WECHSELN Diese Linie führt von den Wechselpunkten F, M, K und H immer zu den Punkten E oder B. Die Hilfen sind analog den Hilfen beim Wechseln durch die ganze Bahn.

Verschiedene Hufschlagfiguren, die wie eine Dressuraufgabe direkt hintereinander geritten werden, fordern von Pferd und Reiter erhöhte Aufmerksamkeit und Konzentration. Im Dressursport werden vorgeschriebene Dressuraufgaben in verschiedenen Klassen, also Schwierigkeitsgraden, mit unterschiedlicher Anordnung und Abfolge der Hufschlagfiguren verlangt. Zwischen den einzelnen Hufschlagfiguren werden je nach Aufgabe verschiedene Einzellektionen geritten.

Bei den Hufschlagfiguren, wie etwa Reiten auf dem ersten Hufschlag, der ganzen Bahn, kommt es, wie bei allen anderen Hufschlagfiguren auch, auf die korrekte Ausführung an. Schon das oft einfach aussehende Durchreiten einer Ecke ist für viele Reiter ein Problem, da die Ecke von ihnen nicht wie eine Viertelvolte geritten wird, sondern meistens auf dem gleichen Hufschlag wie der Zirkel.

Für das korrekte Durchreiten einer Ecke muß der Reiter sein Pferd durch halbe Paraden aufmerksam machen. Von der Einleitung der Ecke bis zum Beenden muß die Hilfengebung analog zum Reiten einer Volte sein, das heißt, das Pferd ist um den inneren Schenkel gebogen und in Genick und Hals gleichmäßig zur Biegung nach innen gestellt. Der innere Zügel gibt die Stellung, der äußere Zügel läßt die Stellung zu, ist also verwahrend, stellungsbegrenzend und verhindert das Ausweichen über die äußere Schulter. Der äußere Schenkel liegt zur Begrenzung der Hinterhand eine Handbreit hinter dem Sattelgurt. Das Gewicht wird vermehrt auf die Innenseite verlagert, ohne daß der Reiter in der Hüfte einknickt.

Der ständige Wechsel zwischen Geradeausreiten und Reiten in Stellung und Biegung wirkt auf das Pferd gymnastizierend und fordert auch von dem Reiter viel Konzentration.

Wechselpunkte der Reitbahn

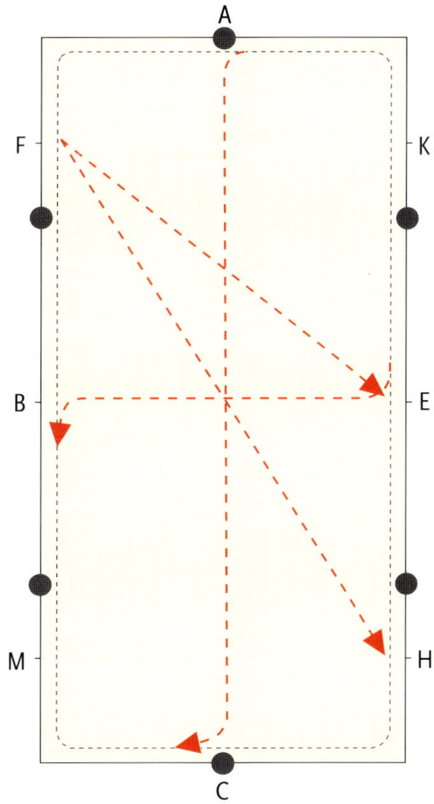

Einzelreiten mit Stellung und Biegung auf der Volte

Einleitung des Reitens einer Volte

Volten und Kehren

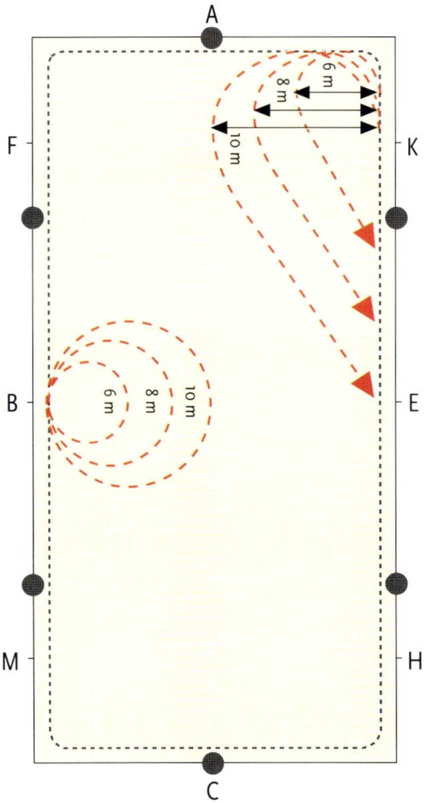

DIE KEHRTVOLTE Eine weitere Möglichkeit, die Hand zu wechseln, sind Kehrtvolten. Die Kehrtvolte wird meistens aus der Ecke geritten und hat einen Radius im Anfängerbereich (Klasse A) von genau zehn Metern. Macht man zum Beispiel bei K aus der Ecke kehrt, so wird bis auf die Mittellinie ein gleichmäßiger Radius einer Volte eingehalten, etwa vom Kreuzen der Mittellinie aus wird dann geradeaus zu E geritten.

DIE VOLTE Die Vorstufe von Kehrtvolten ist das Reiten von normalen Volten. Die Volte, korrekt geritten, fordert dem Pferd eine höchstmögliche Längsbiegung ab. Der Durchmesser ist je nach Ausbildungsstand von Reiter und Pferd verschieden auszuwählen. Im Anfängerbereich und bis zur Klasse A beträgt der Durchmesser der Volte 10 m. Die korrekt gerittene Volte beschreibt einen Kreisbogen, der vom Pferd auf einem Hufschlag ausgeführt werden soll. Hierfür ist es wichtig, daß der Reiter die äußeren verwahrenden Hilfen gut beherrscht und damit verhindert, daß das Pferd mit seiner Hinterhand oder Vorhand ausweicht. Die Stellung und Biegung des Pferdes muß aus dem Sitz und der Hilfengebung des Reiters heraus auf der Volte gleichmäßig gehalten werden. Die Stellung sollte nicht mehr sein als die Biegung, da sonst das Pferd über die äußere Schulter ausbrechen kann.

Das Reiten von Volten und Kehrtvolten ist nicht nur beim Reiten in der Bahn oder auf dem Dressurviereck eine wichtige gymnastizierende Lektion zur Verbesserung der Längsbiegung, sondern auch beim Geländereiten eine gute Möglichkeit, das außer Kontrolle geratene Pferd wieder an die Hilfen zu bekommen. Wenn zum Beispiel in der Gruppe galoppiert wird und einer der hinteren Reiter sein Pferd nicht mehr halten kann, kann er, wenn es das Gelände erlaubt, in eine Volte abwenden, um sein Pferd wieder besser unter Kontrolle zu bekommen. Hufschlagfiguren wie die Volte sind nicht nur auf die Reitbahn zu beschränken. Eine Lichtung im Wald eignet sich hervorragend für Abwechslung während des Ausritts, und das Üben macht dort oftmals mehr Spaß als in einer Reithalle.

Kehrtvolte in der Abteilung

SCHLANGENLINIEN Man unterscheidet bei den Schlangenlinien die einfache oder doppelte Schlangenlinie an der langen Seite und Schlangenlinien durch die ganze Bahn.

SCHLANGENLINIEN DURCH DIE BAHN Sie beginnen und enden jeweils in die Mitte der kurzen Seite bei A oder C. Bei einem 20 m x 40 m-Viereck werden in der Regel drei oder auch vier Bögen geritten. Schlangenlinien mit einer geraden Anzahl von Bögen führen immer zum Handwechsel. Bei einer ungeraden Zahl ist man danach wieder auf der gleichen Hand. Die Schlangenlinie, die auf Turnieren verlangt wird, besteht aus mehreren gleichmäßig durch die Bahn verteilten halben Volten, zwischen denen jeweils geradeaus geritten wird.

Die Einleitung der einfachen Schlangenlinie erfolgt aus der gut durchrittenen Ecke

Schlangenlinie durch die ganze Bahn

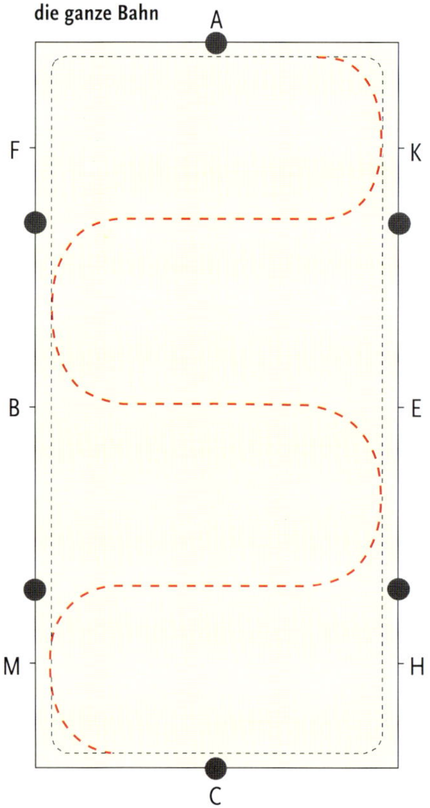

Bei Schlangenlinien »alter Art« werden die Bögen unmittelbar aneinandergereiht. Das heißt, es wird von der Wand weg über die Mittellinie eine S-Form zur Wand hin geritten. Bei dieser Form der Schlangenlinien wird das Pferd vermehrt gelöst und auch gymnastiziert.

Im Verlaufe der Ausbildung des Reiters sollte darauf geachtet werden, daß die Hufschlagfiguren immer korrekter geritten werden. Schlampig und unkonzentriert gerittene Hufschlagfiguren führen nicht zum eigentlichen Ziel der Ausbildung, da man sagen kann, daß korrekt gerittene Bahnfiguren Pferd und Reiter schulen. Der Reiter wird in der Hilfengebung immer sicherer werden und das Gefühl für die richtige Dosierung der Hilfen bekommen, und das Pferd wird durch die gymnastizierende Wirkung korrekt gerittener Bahnfiguren durchlässiger.

Auf der einfachen Schlangenlinie ist das Pferd gestellt und gebogen

Die Umstellung des Pferdes bei der einfachen Schlangenlinie erfolgt eine Pferdelänge vor dem Hufschlag

EINFACHE SCHLANGENLINIE Bei der einfachen Schlangenlinie an der langen Seite bei B geritten, ist es wichtig, von der linken Hand kommend, die Ecke vor F tief zu durchreiten. Ist das Pferd mit seiner rechten Schulter vor F, wendet man mit dem annehmenden inneren oder richtungsweisenden Zügel vom ersten Hufschlag ab. Etwa eine Pferdelänge nach Verlassen des ersten Hufschlags wird das Pferd auf einen flachen Bogen mit leichter Rechtsstellung und -biegung umgestellt. Mit einem Abstand von fünf Metern auf der Höhe von B wird in Richtung M geritten, und eine Pferdelänge vor M wird das Pferd wieder nach links gestellt. Das Pferd kommt mit der rechten Schulter bei M an und wird wiederum tief durch die nächste Ecke geritten.

DIE DOPPELTE SCHLANGENLINIE Sie ist eine versammelnde Lektion. Es werden dabei an der langen Seite vom Wechselpunkt aus, beispielsweise K, ein aus tief durchrittener Ecke kleinerer Bogen bis E geritten, und ein zweiter gleich großer Bogen von E nach H. Der Abstand zum ersten Hufschlag beträgt an der weitesten Entfernung 2,50 m. Bei jedem Richtungswechsel erfolgt das Umstellen und Biegen des Pferdes.

Einfache und doppelte Schlangenlinie

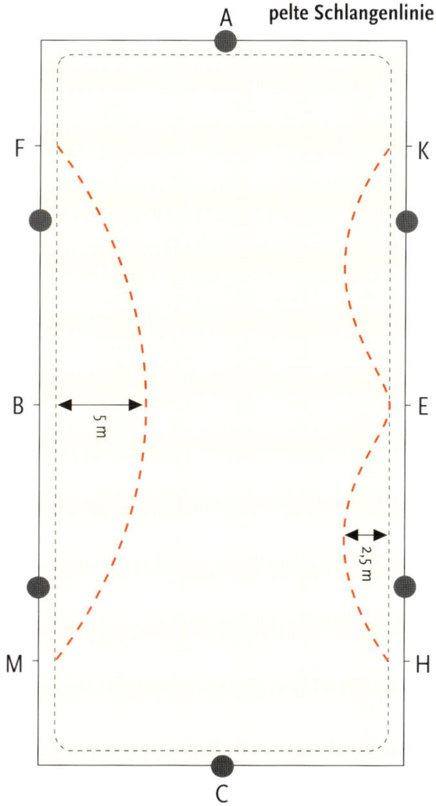

PROFI·TIP

Nadine Capellmann

Für den Anfang ist es einfacher, den der Bande zugewandten Schenkel weichen zu lassen. Das hat den Vorteil, daß ich mich besser auf meine vorwärts-seitwärts-treibende Hilfe konzentrieren kann, da die Bande schon eine Begrenzung darstellt und so weniger Zügelhilfen notwendig sind.

Vorhandwendung und Schenkelweichen

Bei diesen Übungen soll der Reiter die einseitige Hilfengebung erlernen. Voraussetzung dafür ist, daß der Reiter einen gut ausbalancierten Sitz hat und im Gleichgewicht sitzen kann. Ist der gut ausbalancierte Sitz noch nicht gefestigt, so schleichen sich bei der Vorhandwendung und beim Schenkelweichen gravierende Fehler ein. Dies sind vor allem verkehrte Gewichtsverlagerung, Klammern mit Ober- und Unterschenkeln und vor allem auch starkes seitliches Einknicken in der Hüfte.

Das Schenkelweichen

Es kann in der Reitbahn oder auf dem Reitplatz geübt werden. Das Pferd wird dabei zum Beispiel an der langen Seite mit dem Kopf zur Wand gestellt oder mit der Vorhand etwas ins Bahninnere geführt. Eine andere, wahrscheinlich bessere Art des Schenkelweichens ist auf der offenen Zirkelseite oder von der Mittellinie aus, in der Form des Viereck-Vergrößerns. Beim Schenkelweichen an der langen Seite empfiehlt es sich am Anfang, die zweite Ecke der kurzen Seite nicht mehr zu durchreiten, sondern gleich in einer Abstellung von etwa 45 Grad schräg zur Wand zu reiten. Der Reiter muß mit dem seitwärts treibenden Schenkel, dabei spricht man auch vom inneren Schenkel, das Pferd vorwärts-seitwärts treiben, der äußere Schenkel liegt verwahrend eine Handbreit hinter dem Sattelgurt. Das Gewicht wird nach innen verlagert, die innere Hüfte wird dazu etwas nach vorne geschoben. Der seitwärts treibende Schenkel wird in dem Moment eingesetzt, in dem das Pferd mit dem inneren Hinterbein abfußt, der äußere Zügel fängt dabei diese Bewegung ab, das Pferd ist in Richtung des seitwärts treibenden Schenkels gestellt, der äußere Zügel ist dabei der verwahrende Zügel. Das Pferd ist beim Schenkelweichen nicht gebogen, sondern nur leicht im Genick gestellt. Das Abbrechen des Pferdes vom Widerrist wird durch den verwahrenden Zügel verhindert. Das Schenkelweichen

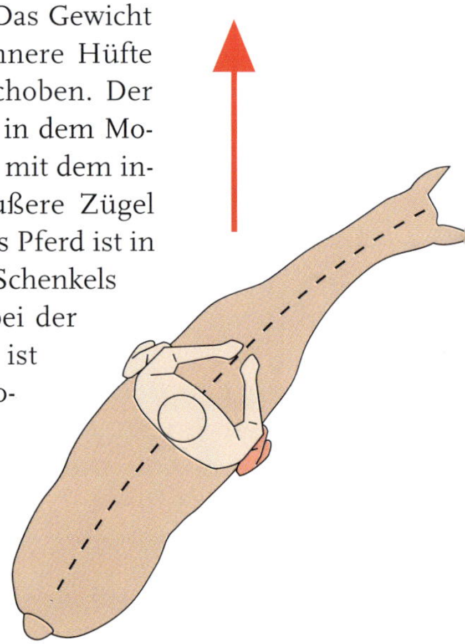

Schenkelweichen rechts und links

kann von einem fortgeschrittenen Reiter nicht nur im Mittelschritt, sondern auch in einem gemäßigten Arbeitstrab ausgeführt werden. Hier allerdings nicht an der langen Seite, sondern in der Form des Viereck-Vergrößerns von der Mittellinie aus oder später dann als Lektion Viereck verkleinern und vergrößern, wie es auch in Dressuraufgaben der Klasse A verlangt wird.

In der weiteren Ausbildung kann hier auch schon der Begriff »Schulter herein« verwendet werden. Dabei bleibt das Pferd mit der Hinterhand auf dem ersten Hufschlag, die Vorhand ist ins Bahninnere hereingenommen und dabei leicht gebogen, nicht wie beim Schenkelweichen nur gestellt. Der äußere Vorderfuß und der innere Hinterfuß treten dabei in einen gemeinsamen Hufschlag.

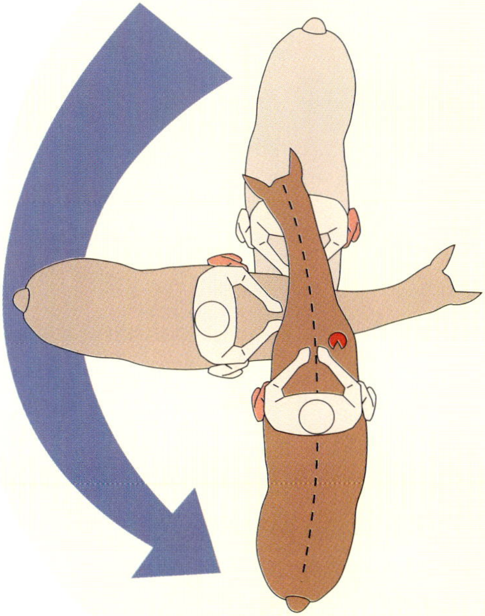

Die Vorhandwendung

Die Vorhandwendung

Im Anfängerbereich wird die Vorhandwendung aus dem Halten heraus geritten. Sie kann eine Wendung um 180 Grad sein oder in zwei Abschnitten geritten zweimal 90 Grad. Die Vorhandwendung ist eine Lektion, die zum Handwechsel führt. Befindet sich der Reiter auf der rechten Hand, so begibt er sich zweckmäßigerweise vor allem in einer geschlossenen Reithalle an der langen oder kurzen Seite auf den zweiten Hufschlag und reitet eine ganze Parade zum Halten. Der Reiter sollte auf den zweiten Hufschlag reiten, damit sich das Pferd bei der Vorhandwendung nicht mit dem Kopf an der Bande verletzt. Der Reiter stellt sein Pferd im Genick leicht nach links, der seitwärts treibende Schenkel ist der linke Schenkel, der am Gurt treibt, der verwahrende,

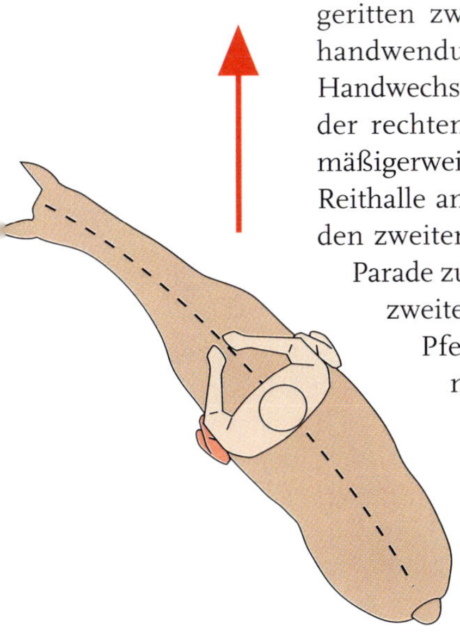

Schulung des leichten Sitzes beim Reiten über Bodenricks

rechte Schenkel liegt eine Handbreit passiv hinter dem Sattelgurt. Das Gewicht wird nach links verlagert, der rechte Zügel ist verwahrend und verhindert das Ausweichen über die äußere Schulter und begrenzt gleichzeitig die Stellung. Hat das Pferd sich nun um 180 Grad um den inneren Vorderfuß gedreht, so befindet sich der Reiter auf der neuen, linken Hand.

▸ Die Springgymnastik

Voraussetzung bei Reitanfängern, mit dem Springen zu beginnen, ist, daß der Reiter in allen drei Grundgangarten sicher reitet, sein Pferd im Trab und Galopp zulegen und einfangen kann und den leichten Sitz beherrscht. Ganz wichtig für den Reitanfänger ist es natürlich, ein gutes Lehrpferd zu haben, das im Springen gut ausgebildet ist. Das Pferd sollte sicher an die Hindernisse herangehen, mit den verschiedenen Hindernisarten vertraut sein und nicht zum Verweigern oder zum Ausbrechen neigen. Denn der Reitanfänger, der sich ganz auf sein neues Bewegungsgefühl einzustellen versucht, muß sich auf das sichere Springen des Pferdes verlassen können. Viele Reiter verspüren eine regelrechte Hemmschwelle, die erste Springstunde mitzureiten. Deshalb sollte der gute Ausbilder es dem Reiter durch ein sicheres Pferd erleichtern.

Zum Springen sollte der Reiter die Steigbügel zwei bis drei Loch kürzer schnallen, damit er fester in den Bügel treten kann und so besseren Halt über dem Sprung und bei der Landung bekommt. Durch das veränderte Gleichgewicht vor, über und nach dem Sprung muß der Reiter lernen, sich neu in dieser Bewegungssituation auszubalancieren.

Der Springsitz ist der Sitz, den der Reiter vom Absprung bis zur Landung einnimmt. Beim Springsitz, also während dem Sprung, verlagert der Reiter seinen Schwerpunkt dem Hindernis entsprechend nach vorne, um den Rücken des Pferdes für den

Sprung vollkommen zu entlasten. Der Reiter geht mit dem Oberkörper nach vorne, durch den kürzeren Steigbügel verlagert er sein Gewicht hauptsächlich auf Knie und Steigbügel und auf die am Sattelblatt anliegende Wade. Der gut durchgetretene, tiefe Absatz verhilft dem Reiter dabei zu einer sicheren Balance, wobei der Fuß etwas weiter in den Steigbügel gestellt wird als beim Dressurreiten. Bei einem sicher springenden und geduldigen Pferd besteht bei den ersten Springversuchen auch die Möglichkeit, daß sich der Reiter mit einer Hand in der Mähne oder am Halsriemen des Martingals festhält.

Durch einen einfachen, kleinen Sprung, zum Beispiel ein kleines Kreuz, das in der Mitte der langen Seite auf dem ersten Hufschlag aufgebaut wird und außen von Fangständern begrenzt ist, kann der Reitlehrer die ersten Sprünge einleiten. Zum Springen aus dem Trab sollte man noch eine Vorlegestange im Abstand von circa 2,20 m vor den Sprung legen.

Das Springen wird in einzelne Phasen eingeteilt. Es beginnt mit der Anreitphase. Das ist der Weg zum Sprung, und der sollte am Anfang auf jeden Fall gerade sein. Die nächste Phase, die Absprungphase, ist für den Reitanfänger am schwierigsten. In der Absprungphase kommt es darauf an, schnell zu reagieren. Im Moment des Absprungs ergibt sich für den Reiter das Gefühl des Bergaufreitens, da das Pferd zuerst mit der Vorhand abhebt und sich dann mit der Hinterhand abdrückt. Im Moment des Absprungs, also dann, wenn sich das Pferd mit den Hinterbeinen abdrückt, muß der Reiter darauf achten, daß er mit dem Oberkörper und dem Gesäß gut in der Bewegung mit nach vorne geht.

Aufmerksamer Blick von Reiter und Pferd zum nächsten Sprung

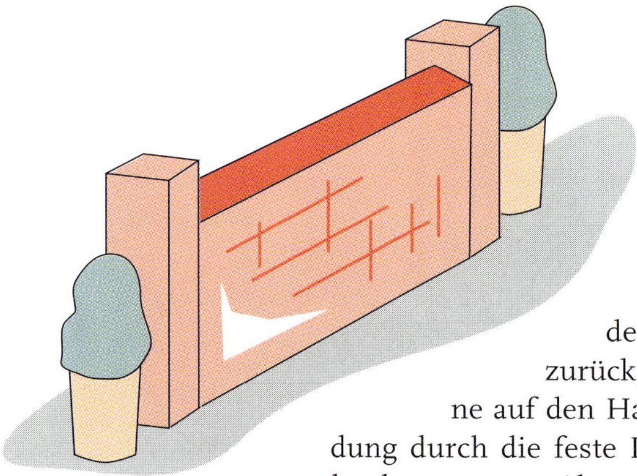

Mauer

Die Sprungphase ist nun die nächste Phase. In dieser Phase bis zur Landung ist es wichtig, daß der Reiter still sitzt und das Pferd in seinem Bewegungsablauf nicht stört. Die letzte Phase beim Überwinden eines Sprungs ist die Landephase. Hier muß der Reiter darauf achten, daß er nicht zurückgeworfen wird, aber auch nicht nach vorne auf den Hals fällt. Dazu fängt er sich bei der Landung durch die feste Lage von Knie, Unterschenkel und gut durchgetretenem Absatz ab. Wichtig ist, daß der Unterschenkel nicht zurückrutscht, sondern am Sattelgurt liegenbleibt. Ist das Pferd mit allen vier Beinen sicher gelandet, richtet sich der Reiter mit dem Oberkörper wieder auf und reitet, wie in der Anreitphase, geradeaus weiter.

Hindernisarten

Bei den Hindernisarten unterscheidet man stationäre und transportable Hindernisse.

Stationäre Hindernisse sind Trakehner Graben, Wegesprünge, Wälle und Billard. Diese Hindernisformen hat man früher auf klassischen Turnierplätzen häufig angetroffen. Heute dagegen werden auf den meisten Turnierplätzen nur noch transportable Hindernisse verwendet. Als transportable Hindernisse bezeichnet man Steilsprünge, Oxer, Triplebarre. Bei Steilsprüngen sind alle Hindernisteile senkrecht übereinander gebaut. Sie können aus einer Anzahl übereinander angeordneter, verschieden oder gleichfarbiger Stangen oder Planken bestehen. Auch können Stangen und Planken abwechselnd übereinander angeordnet sein, doch es sollte möglichst eine Stange die obere Begrenzung sein. Steilsprünge können kompakt, also mit vielen Hindernisteilen, oder luftig mit wenig Hindernisteilen gebaut sein. Auch Mauern, deren obere Begrenzung eine Stange sein kann, werden als Steilsprünge bezeichnet. Man kann Steilsprünge auch

Oxer

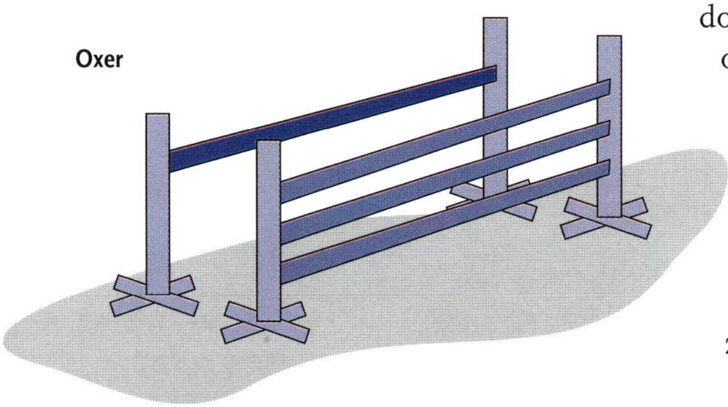

aus Gattern, Eisenbahnschranken, Palisaden und Gartenzäunen bauen.

Oxer und Triplebarre werden als Hochweitsprünge bezeichnet. Die Triplebarre ist der klassische Hochweitsprung. Sie kann aus Stangen oder Planken gebaut werden. Ein treppenartiger Anstieg gleicher oder verschiedenartiger Hinderniselemente ergibt den Hochweitsprung. Eine Triplebarre kann kompakt und geschlossen oder offen aufgebaut werden. Auch der Oxer ist ein Hochweitsprung aus mehreren Hindernisteilen, die allerdings nicht nur übereinander gebaut sind, sondern auch hintereinander. Sind die hintereinander gebauten Teile gleich hoch, bezeichnet man den Oxer als »carré« gebaut. Dies ist allerdings für Pferd und Reiter schwieriger zu überwinden, als wenn der Oxer hinten höher ist. Als hinteres Element darf nie mehr als eine Stange verwendet werden, die normalerweise bis zu 10 cm höher als die oberste Stange des vorderen Hinderniselementes sein soll. Das vordere Hinderniselement ist in seiner Beschaffenheit gleich wie ein Steilsprung, also auch möglichst senkrecht übereinander gebaute Hindernisteile.

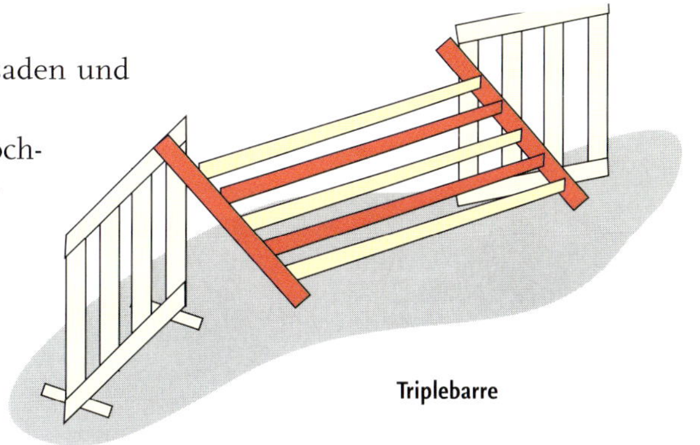
Triplebarre

Als Weitsprünge bezeichnet man sowohl transportable als auch stationäre Wassergräben. Ein als Wassergraben aufgebautes Hindernis hat weder davor noch dahinter ein weiteres Hindernisteil. Die Weite des Sprungs wird auf der Absprung- und auf der Landeseite durch ein Gummiband oder eine Latte begrenzt.

Alle Hindernisse, egal in welcher Form und Farbe sie auf Turnieren aufgebaut sind, sollten im Training, also zu Hause in der Reithalle oder auf dem Reitplatz geübt werden. Bodenricks sollten nicht als Hinderniselemente verwendet werden, da sie durch ihr Gewicht und die seitlichen Kreuze für das Pferd eine relativ hohe Unfallgefahr bedeuten. Alle bisher aufgezählten Hindernisformen können auch beim Freispringtraining der Pferde aufgebaut werden.

Wassergraben

PROFI·TIP

Nadine Capellmann

Bei den Hindernisreihen für Anfänger steigere ich ganz allmählich die Anforderungen an Pferd und Reiter. Abschließen sollte ich hier immer mit einem kleinen Erfolg, auch wenn ich dabei meine Grundanforderungen zurücknehmen muß. Nur mit Spaß und Lob läßt sich richtig lernen.

Hindernisreihen für Einsteiger

Nachdem der Reiter in seiner Grundausbildung beim Reiten über Cavalettis sowohl auf geraden als auch auf gebogenen Linien im leichten Sitz das Pferd gut kontrollieren kann, beginnt die Springausbildung.

Am Anfang eignet sich ein kleiner Kreuzsprung, an der Bande aufgebaut. Durch die Schräge der Bande ist es wichtig, daß ein sogenannter Bandenfangständer, so wie er auf dem Foto zu sehen ist, verwendet wird. Auf der Innenseite des Sprungs eignet sich ein Fangständer. Wenn keiner vorhanden ist, kann auch ein normaler Hindernisständer mit einem davor gestellten Hindernisfang verwendet werden. Hindernisfänge sind dazu da, Pferd und Reiter den Weg zum Hindernis zu erleichtern bzw. ein Vorbeilaufen des Pferdes am Hindernis zu verhindern. Als Erleichterung für die richtige Absprungdistanz wird vor das Hindernis eine Absprungerleichterung im Abstand von 1,80 m bis 2,20 m vorgelegt, je nach Größe und Rasse des Pferdes.

Geeignet für die ersten Übungen der Springausbildung

Die nächste Möglichkeit einer kleinen Springgymnastikreihe für den Springanfängerunterricht, zur Erleichterung wieder an der Bande aufgebaut, ist ein kleiner Steilsprung mit einer Bodenstange unmittelbar vor dem Sprung (20 cm bis 30 cm) plus der Absprungerleichterung. Die Steigerung der Gymnastikreihe, weiterhin an der Bande aufgebaut, ist ein Oxer von möglichst geringer Höhe. Hier können, wie abgebildet, Fangständer oder normale Hindernisständer verwendet werden. Eine Steigerung der Aufmerksamkeit von Reiter und Pferd ergibt sich dadurch, die Absprungerleichterung weg-

Aus dem Trab zu reiten: Steilsprung mit Vorlegestange

Aus dem Trab anzureiten: Oxer mit Vorlegestange

Aus dem Galopp anzureiten: Oxer ohne Vorlegestange

zulassen. Ein wie eben beschrieben an der Bande aufgebauter Sprung mit einer längeren Gasse von Hindernisfängen eignet sich auch sehr gut für das Springen der Pferde ohne Reiter, das sogenannte Freispringen. Das Freispringen eignet sich in der Gewöhnungsphase für junge Pferde und ist auch immer wieder eine gute Übung für ältere Pferde. Bei rein dressurmäßig gerittenen Pferden dient das Freispringen zur Gymnastizierung, Verbesserung der Losgelassenheit und auch als willkommene Abwechslung. Außerdem eignet sich das regelmäßige Freispringen auch für Schulpferde sehr gut.

Springgymnastikreihen bei der Reitausbildung sowohl für Anfänger als auch für Fortgeschrittene sind ausgesprochen sinnvoll, weil dadurch Rhythmusgefühl, Reaktionsvermögen und ein Blick für Abmessungen und Distanzen zwischen den Sprüngen geübt werden. Eine Springgymnastikreihe muß systematisch und mit passenden Abmessungen aufgebaut sein. Soll in der Springstunde eine Gymnastikreihe trainiert werden, so müssen zuerst sämtliche Hindernisteile in die Bahn gebracht werden. Die Ständer und Fangständer sollten wie auf der Abbildung etwa drei bis vier Meter von der Bande entfernt, durch den Ausbilder abgemessen, gleich in die richtige Position gebracht werden. Eine Springgymnastikreihe bestehend aus zwei Steilsprüngen und anschließend einem Oxer, die aus dem Trab angeritten wird, ist wie folgt aufzubauen:

Die Reihe beginnt mit einem kleinen Steilsprung, bestehend aus Stangen oder Planken, der mit Fangständern begrenzt wird, und einer Absprungerleichterung. Wichtig ist auch, daß die An-

Springgymnastik mit zwei Steilsprüngen

reitphase zum Sprung einen geraden Weg zuläßt. Der zweite Sprung der Gymnastikreihe wird vom ersten Sprung in einer Entfernung von 5,80 m bis 6,30 m aufgebaut und ist somit eine Kombination mit einem Galoppsprung dazwischen. Auf dem nächsten Foto kommt ein weiterer Steilsprung dazu, der wiederum einen Galoppsprung Zwischenraum zum vorigen Hindernis hat. Der Abstand beträgt nun 6,50 m bis 6,80 m.

Bei den Hindernisständern ist es aus Sicherheitsgründen für Reiter und Pferd sehr wichtig, daß, wenn keine Stangen oder Planken eingehängt sind, die Auflagen entfernt werden. An herausstehenden Auflagen können sich sowohl Reiter als auch Pferde verletzen.

Eine weitere Steigerung der bisher beschriebenen Gymnastikreihe ist, wenn man aus dem dritten Steilsprung einen Oxer macht. Das hintere Element des Oxers, das nur aus einer Hindernisstange bestehen darf, sollte deutlich höher sein als das vordere Element.

Der Aufbau von Gymnastikreihen richtet sich immer nach dem Ausbildungsstand der Reiter und den Ausbildungszielen. Bei mit viel Abwechslung aufgebauten Gymnastikreihen, sowohl in

Art und Aufbau der Hindernisse als auch mit geringen Veränderungen der Abmessungen, wird die Aufmerksamkeit und somit die Konzentration von Reiter und Pferd erhalten und verbessert. Unüberlegtes, eintöniges und dauerndes Wiederholen bringt in der Ausbildung keinen Fortschritt. Abwechslungsreiche Aufgabenstellungen dagegen fördern Ausgeglichenheit und Leistungsbereitschaft des Pferdes.

Um die Motivation von Pferd und Reiter zu erhalten, ist es immer besser, eine Aufgabe dann zu beenden, wenn sie erfolgreich durchgeführt wurde. Wenn eine neu gestellte Aufgabe einfach nicht gelingen will, ist es ratsam, einen Schritt zurück zu einer leichteren, sicher gelingenden Übung vorzunehmen. Es ist dann das positive Gefühl einer gemeisterten Aufgabe, auf das sich dann bei der nächsten Übungsstunde aufbauen läßt.

Auch sollte darauf geachtet werden, daß die Reihe nicht immer in die gleiche Richtung aufgebaut wird. Es ist zum Beispiel ein Unterschied, ob Hindernisse in Richtung Ausgang oder vom Ausgang weg gesprungen werden, da die meisten Pferde vom Ausgang weg etwas zögern und die Entfernung zwischen den Hindernissen dadurch weiter werden kann. Zum Ausgang hin werden die meisten Pferde etwas heftiger, und dadurch verkürzt sich die Distanz zwischen den Hindernissen. Es ist weiterhin ein Unterschied, ob Gymnastikreihen in der Halle oder auf dem Reitplatz aufgebaut sind, da die Pferde im Freien immer etwas mehr nach vorne galoppieren und dadurch die Entfernung zwischen den Hindernissen schon von Anfang an etwas weiter sein soll.

Weitere Aufbaumöglichkeiten und Variationen von Springgymnastikreihen können den von der Deutschen Reiterlichen Vereinigung (FN) herausgebrachten Lehrtafeln entnommen werden.

Anfang einer Springgymnastikreihe aus dem Trab mit Vorlegestange

Springgymnastikreihe mit jeweils einem Galoppsprung zwischen den Hindernissen

Vollständig aufgebaute Springgymnastikreihe

Bergabreiten in der Gruppe

Handzeichen sind beim Geländereiten ein Mittel der Verständigung

Reiten im Gelände

Das Reiten im Gelände kann für Pferd und Reiter ein faszinierendes Erlebnis und gleichzeitig eine schöne Abwechslung zu dem doch manchmal mühsamen Reiten in der Reitbahn sein. Es bedeutet für Reiter und Pferd Entspannung, Freude und auch Motivation für die weitere Arbeit. Der Reiter sollte das Pferd, das er für einen Ausritt eingeteilt bekommt, auch schon in der Reitbahn geritten haben. Um sicher im Gelände zu reiten, braucht der Reiter eine sichere Sitzgrundlage, sowohl im Dressursitz als auch im leichten Sitz. Um eine sichere Kontrolle über das Pferd zu haben, sollte es gut an den Hilfen stehen und eine gute Springausbildung haben. Für den Reitanfänger ist es am sichersten, die ersten Ausritte in der Gruppe auf einem geländesicheren, gut ausgebildeten Pferd zu unternehmen. Ein grober Fehler ist, allein auszureiten, denn Umweltbedin-

gungen und der Straßenverkehr stellen häufig schwere Ansprüche an Pferd und Reiter, denen ein Reitanfänger auf keinen Fall allein gewachsen ist. Der erfahrene Ausbilder wird je nach Ausbildungsstand des Reiters die Pferde einteilen. Es ist von ganz besonderer Bedeutung, daß den Anweisungen des Reitlehrers und den schon vorher besprochenen Handzeichen und Kommandos unbedingt Folge geleistet wird.

Da annähernd die Hälfte aller Reitanfänger reiten lernen will, um im Gelände reiten zu können, ist auf diesen Abschnitt der Ausbildung besonderen Wert zu legen. Im Gelände reiten Sie wie beim Reiten über Cavalettis und beim Springen hauptsächlich im leichten Sitz. Im Gelände wird normalerweise auch in allen drei Grundgangarten geritten. Der Ausritt wird wie eine Reitstunde in der Reitbahn in Lösungs-, Arbeits- und Entspannungsphasen eingeteilt. Wird im Trab oder Galopp geritten, einzeln oder hintereinander, sollten Sie den leichten Sitz einnehmen. Zum Geländereiten werden die Steigbügel immer zwei bis drei Loch kürzer geschnallt, denn mit dem kürzeren Bügel bekommen Sie auch einen besseren Knieschluß, der Ihnen besseren Halt im Sattel gibt. Wichtig ist auch, daß im Gelände der Steigbügel besser durchgetreten wird, und zwar an der breitesten Stelle des Stiefels. Das Fundament des Reiters besteht aus Knie, Unterschenkel, der sicher am Gurt liegt und nicht verrutschen sollte, und dem gut

Galopp mit großen Abständen zwischen den Reitern

nach unten durchgetretenen Absatz. Ein elastisch durchgefedertes Fußgelenk gewährleistet eine sichere Stütze und eine feste Lage des Unterschenkels. Da fast alle Pferde im Gelände eine andere, meist größere Galoppade haben, ist das federnde Fußgelenk für das Abfangen der Bewegung besonders wichtig.

Der Reiter sollte den Blick immer geradeaus über das Pferd richten, denn gerade im Gelände ist es wichtig, immer auf neue Situationen vorbereitet zu sein.

Checkliste für das Reiten im Gelände

- [ ] **STRASSENVERKEHR** Das Pferd muß verkehrssicher sein und schrittweise daran gewöhnt werden.
- [ ] **VERSICHERUNGSSCHUTZ** Sowohl Pferd als auch Reiter müssen ausreichend versichert sein. Reiten im Gelände erfordert immer das Tragen eines Reithelms.
- [ ] **AUSRÜSTUNG** Sattel und Zaumzeug müssen regelmäßig kontrolliert werden.
- [ ] **WETTER** Sind die Wege durch Regen aufgeweicht, sollten Umwege in Kauf genommen werden, um Trittschäden zu vermeiden. Niemals querfeldein reiten.
- [ ] **AUSRITT IN DER GRUPPE** Niemals alleine ausreiten – in der Gruppe ist es sicherer und macht mehr Spaß.
- [ ] **GESETZE** Die Straßenverkehrsordnung gilt auch für Reiter. Wege und Straßen dürfen nicht verlassen werden. Für Reiter verbotene Wege sind unbedingt zu meiden.
- [ ] **NATURSCHUTZ** Korrektes Verhalten als Mitnutzer der Landschaft ist selbstverständlich. Grabenböschungen und Feuchtbiotope werden gemieden.
- [ ] **GRÜSSEN** Radfahrern und Fußgängern wird im Schritt begegnet. Stets freundlich grüßen!

▸ Der Reitpaß

Der Reitpaß, von der Deutschen Reiterlichen Vereinigung geschaffen, bietet dem Geländereiter die Möglichkeit, im praktischen Geländereiten und dem dazu gehörenden theoretischen Wissen eine Prüfung abzulegen. Diese Prüfung ist eine Art Führerschein für das Reiten im Gelände. Der Reitpaß darf jedoch nicht als eine Vorstufe zum Reitabzeichen verstanden werden, denn er setzt andere Schwerpunkte, da die ganze praktische Prüfung im Gelände stattfindet. Damit wird all den Reitern Rechnung getragen, denen das Reiten im Gelände mehr Freude bereitet als das Reiten in der Reitbahn. Beide Teile der Prüfung, der theoretische und der praktische Teil, sind an einem Tag abzulegen. Bei der praktischen Prüfung geht es um das Vorbereiten des Pferdes durch Putzen, Zäumen, Satteln, das Reiten in allen drei Grundgangarten, das Reiten in der Gruppe, das Einzelreiten, vor allem im Galopp von Punkt zu Punkt, Überwinden kleinerer Hindernisse oder Wasserdurchritte sowie verschiedene Arten von Straßenüberquerungen. Die komplette Reitpaßprüfung beinhaltet auch das Springen. Dazu werden im Gelände vier bis fünf Hindernisse, die etwa 80 cm hoch sind, einzeln und in der Gruppe gesprungen. Bei der theoretischen Prüfung werden Grundkenntnisse aus der Reitlehre, der Pferdehaltung, das reiterliche Verhalten im Gelände, der Umweltschutz und Kenntnisse in den einschlägigen Bestimmungen des Tierschutzes geprüft. Schwerpunkt der Prüfung ist auch das richtige Verhalten im Straßenverkehr. Unruhige, oft scheuende Pferde sollen beim paarweisen Reiten auf der rechten, dem Verkehr abgewandten Seite gehen. Beim Ausritt in der Abteilung ist ein Sicherheitsabstand von mindestens einer Pferdelänge nicht zu unterschreiten. Jedoch dürfen die Abstände zwischen den Reitern, vor allem im Straßenverkehr, auch nicht zu groß werden. Eine Abteilung sollte im Straßenverkehr nicht länger als 25 m sein, das entspricht ungefähr sechs Pferdepaaren hintereinander. Aus

Reit- und Fahrausbildung im Straßenverkehr

Sicherheitsgründen reiten die erfahrenen Reiter am Anfang einer Abteilung und ganz am Ende und nehmen die schwächeren oder ungeübten Reiter in die Mitte. Auch sollte darauf geachtet werden, daß etwas heftigere Pferde am Anfang und nicht am Ende der Abteilung gehen. Insgesamt gilt auch hier die Regel, daß sich Gangart und Tempo beziehungsweise Schwierigkeitsgrad eines Ausritts immer nach dem schwächsten Reiter und dem schwächsten Pferd richten. Prinzipiell ist verboten, auf Rad- oder Fußgängerwegen zu reiten.

Alle Informationen und Hinweise werden durch Zuruf oder Handzeichen nach hinten durchgegeben.

Aufmerksames Weiterreiten zum nächsten Hindernis

Die einfühlsame, nachgebende Reiterhand ermöglicht vertrauensvolles Springen

Vorbildliche Lage von Knie und Unterschenkel der Reiterin bei der Landung

Springen im Gelände gehört zur Grundausbildung der Reiter

Die Vielfalt des Reitens

Wander- und Distanzreiten

Das Wandern zu Pferde und das Reiten über Distanzen verbindet das Erleben der Natur mit der Begeisterung für das Pferd und den Reitsport. Wanderritte sind natürlich mehr als der traditionelle Ausritt am Sonntag von zwei bis drei Stunden in die nähere Umgebung eines Stalles. Wanderritte sind lang geplante, bis ins kleinste Detail ausgearbeitete Unternehmungen über mehrere Tage, alleine oder in der Gruppe. Fünf bis acht Stunden am Tag wird ein solcher Ritt dauern. Ob Ihnen nun mehr nach Wanderritt ist mit Lagerfeuer, Schlafsack und Zelt oder mit Kaminfeuer im Reitertreff und Bett im Hotel, bleibt Ihrem persönlichen Geschmack überlassen. Beides kann zu einem Erlebnis werden.

Damit ein solcher Ritt aber nicht der einzige bleibt, sollten Sie sich gewissenhaft darauf vorbereiten und ohne Scheu bei erfahrenen Wanderreitern oder Berittführern Rat und Unterstützung einholen. Mit der Feinarbeit müssen Sie allerdings zuerst bei sich selbst beginnen. Ihre Kondition muß weiter verbessert werden. Kraft und Ausdauer für zwei Reitstunden reichen nun nicht mehr aus. Gleichzeitig sollten Sie auch an die Vorbereitung Ihres Pferdes für ein solches Unternehmen denken. Beginnen Sie mit zehn bis fünfzehn Kilometern pro Tag, die Sie überwiegend im Schritt bei nur kurzen Trabphasen reiten. Vier- bis fünfmal in der Woche werden Sie Ihr Pferd über zwei bis drei Wochen trainieren müssen, um ihm dann größere Belastungen zumuten

Distanzreiten – eine Herausforderung für Reiter und Pferd

und längere Strecken in Angriff nehmen zu können. Wenn sich dann Ihr Pferd an das Einhalten eines gleichmäßigen Tempos bei lockeren Bewegungen gewöhnt hat, können Sie – aber bitte nicht allein – an den Wochenenden Ausritte über 25 bis 30 Kilometer ins Auge fassen. Lassen Sie sich einmal von Ihrem Tierarzt das Messen des Pulses beim Pferd zeigen. Durch die Kontrolle der Pulswerte können Sie Rückschlüsse auf die Verfassung und den Trainingsstand Ihres Pferdes ziehen und Überforderungen vermeiden.

Zu diesem Zeitpunkt sollte dann auch die Frage nach der geeigneten Ausrüstung gestellt werden. Ein Wanderreitsattel, der auch das Mitführen von Gepäck erlaubt, und zweckmäßige Kleidung sind jetzt angesagt. Ob Sie Ihrem Pferd die bei Wanderreitern anzutreffende Westernkandare auflegen oder bei Ihrer vertrauten einfach gebrochenen Wassertrense bleiben, müssen Sie selbst entscheiden. Dies kann von Ihrem Ausbildungsstand und dem Ihres Pferdes abhängen. Kandaren gehören auf jeden Fall nicht in Anfängerhände. Auch mit Wassertrense ist Ihr Pferd bei leichter Anlehnung in losgelassener Haltung zu reiten. Allerdings sollte ein Reithalfter benutzt werden, das Ihrem Pferd viel Platz für die Atemwege läßt. Zur Weiterbildung als Wanderreiter zählt auch, daß Sie mit Karte und Kompaß umgehen können und sich mit Hilfsmaßnahmen bei Unfällen und Verletzungen von Reitern und Pferden auskennen.

Zunächst sollten Sie ganz ruhig und gelassen Ihrer Zukunft als Wander- oder Distanzreiter entgegensehen. Sie sind nämlich nach Abschluß Ihrer Grundausbildung nach den Richtlinien der Deutschen Reiterlichen Vereinigung (FN) zu Reiterinnen und Reitern ausgebildet worden, die den ausbalancierten, losgelassenen Sitz beherrschen, die sich geschmeidig und entlastend im leichten Sitz auf dem Pferd bewegen und Hindernisse im Gelände mühelos überwinden.

Reiten in Wald und Feld dürfen Sie nicht mit Reiten »querfeldein« verwechseln. In der offenen Landschaft ist das Reiten auf Wegen und besonders ausgewiesenen Flächen gestattet. Gekennzeichnete Wanderwege und -pfade, Sport- und Lehrpfade, für die Erholung der Bevölkerung ausgewiesene Flächen, Feucht- und Trockenbiotope, Heide- und Brachflächen, Stoppelfelder und Wiesen sind vom Reiten ausgenommen. Auf befestigten, über drei Meter breiten Wanderwegen darf im Schritt geritten werden. Im Wald dürfen Sie nur auf Straßen und Wegen reiten, wobei auch hier Sport- und Lehrpfade, Fußwege und Wanderwege unter drei Metern von Ihnen nur als Jogger beim Fitneßtraining ohne Pferd benutzt werden dürfen. Besondere Regelungen haben die einzelnen Bundesländer für Verdichtungsräume um die Großstädte, für Naturschutz- und Waldschutzgebiete getroffen. Auch eine Kennzeichnung des Pferdes mit einer Kopfgestellnummer kann verlangt werden, um auf ausgewiesenen Waldwegen reiten zu dürfen. In Verantwortung für die Umwelt haben manche regionalen Verbände ihre Reiter zur freiwilligen Kennzeichnung der Pferde aufgerufen (z. B. Landesverband der Pferdesportvereine Baden-Württemberg e.V.). Als Reiterin und Reiter auf öffentlichen Straßen und Wegen sind auch Sie Teilnehmer am Straßenverkehr und müssen sich an die bekannten Verkehrsregeln und Anordnungen halten.

Wandern zu Pferde

Sollte die Herausforderung des Distanzreitens Sie nicht mehr loslassen, dann benötigen Sie auf alle Fälle den Rat und die Unterstützung erfahrener Distanzreiter. Lassen Sie sich von Reitern beraten, wie sie beispielsweise im Verein Deutscher Distanzreiter und -fahrer anzutreffen sind. Ist Ihr Pferd überhaupt als zukünftiger Distanzler einzusetzen? Herz und Kreislauf, Atmung und Beine einschließlich der Hufe müssen gesund sein. Zu große und zu schwere Pferde sind erfahrungsgemäß nicht für diesen Sport geeignet. Auch macht sich ein guter Schuß Arabisches Vollblut – vielleicht sogar pur – beim Distanzpferd angenehm bemerkbar. Distanzritte werden in Kurze Distanzen (40 bis 59 Kilometer) für Einsteiger und junge Pferde ab fünf Jahren, in Mittlere Distanzen (60 bis 79 Kilometer) für Pferde ab sechs Jahren und in Lange Distanzen (ab 80 Kilometer) eingeteilt. Werden Distanzritte über mehrere Tage ausgetragen, verkürzt sich die Tagesstrecke entsprechend um zehn bis zwanzig Kilometer. Allen Distanzritten gemeinsam ist eine ausgesprochen strenge tierärztliche Überprüfung und Überwachung der Gesundheit der Pferde vor, während und nach dem Ritt. Konsequent werden auffällige Pferde nicht zugelassen oder aus dem Ritt genommen.

In der fairen Partnerschaft zwischen Pferd und Mensch gilt bei Distanzreitern: Angekommen ist gewonnen!

Pferde fühlen sich in der Gruppe sicher

Jagd- und Vielseitigkeitsreiten

Die Teilnahme an Reitjagden und Geländeprüfungen ist nicht nur ein herrliches reiterliches Erlebnis, sondern muß auch langfristig und systematisch vorbereitet werden, damit Pferd und Reiter richtig konditioniert sind. Es geht hier letztendlich nicht um Preise oder Ehrungen, sondern um die Freude am Erlebnis mit dem Pferd im Gelände.

Eine Teilnahme von Reiter und Pferd ohne gute Vorbereitung im Gelände ist eindeutig abzulehnen. Das Vorbereitungstraining sollte, wenn es die Bodenverhältnisse zulassen, vor allem im Gelände stattfinden. Die Teilnahme an einem Jagdreiter- oder Vielseitigkeitsseminar ist hier besonders zu empfehlen.

Auf Reitjagden wird je nach Teilnehmerzahl in verschiedenen Feldern geritten. Die Felder werden meist in ein springendes und ein nicht springendes Feld eingeteilt oder je nach Ausbildungsstand von Reiter und Pferd.

Nie alleine ausreiten!

Heutzutage sind, in Deutschland zumindest, die Jagdstrecken so aufgebaut, daß die Hindernisse alle umritten werden können. Dadurch kann der Reiter selber entscheiden, ob er springen möchte oder nicht. Das Reiten einer Schleppjagd hinter der Hundemeute, die dann auch das Tempo vorgibt, ist eine hohe Leistungsanfor-

derung für Reiter und Pferd, da bei dieser Art von Jagden meist sehr schnell geritten wird. Bei den Meutejagden ist wichtig, daß zwischen den einzelnen Schleppen immer eine größere Schrittpause eingelegt wird, so daß sich die Reiter und vor allem die Pferde wieder erholen können. Der Weg wird vom vorausreitenden »Fuchs« oder Schleppenleger bestimmt. Beim Jagdreiten sollen folgende Regeln eingehalten werden:

Der Reiter sollte in seinem Jagdfeld weit voraussehend »Strich« reiten, das bedeutet, ein gleichmäßiges Tempo beibehalten. Es muß vermieden werden, andere Reiter zu kreuzen, das gilt ganz besonders vor den Hindernissen. Es ist auch ein grober und gefährlicher Fehler, schnell an anderen Pferden vorbeizureiten. Jeder Reiter sollte versuchen, den einmal eingenommenen Platz während der gesamten Jagd zu halten. Auch muß vermieden werden, zu dicht auf den Vordermann aufzureiten. Beim Jagdreiten wird auf Lücke geritten, das heißt, es wird versetzt geritten, um einen stürzenden Reiter nicht zu gefährden. Verliert der Reiter die Kontrolle über sein Pferd, so begibt er sich in einer großen

Jagdreiten gilt für viele Reiter als Ziel ihrer Ausbildung

Im gegenseitigen Vertrauen dem Ufer entgegen

Volte nach außen aus dem Jagdfeld heraus. Sollte ein Pferd an einem Hindernis verweigern oder sich ungehorsam verhalten, muß der Reiter schnellstens darauf bedacht sein, den folgenden Reitern den Weg zum Hindernis nicht zu versperren, sondern sofort Platz zu machen.

Rechtzeitiges Erscheinen zum Stelldichein und Eintragen ins Jagdbuch geben dem Reiter die Möglichkeit, das Sattelzeug seines Pferdes noch einmal in Ruhe zu überprüfen. Es ist dafür Sorge zu tragen, daß beim Stopp, etwa nach der Hälfte der Jagd, die Pferde nicht einfach hingestellt werden, sondern durch den Reiter oder einen Helfer trockengeführt werden.

Für die Teilnahme an Vielseitigkeitsprüfungen müssen Pferd und Reiter vielseitig veranlagt sein. Vielseitigkeit bedeutet, daß eine Prüfung mit mehreren Prüfungsteilen geritten wird, nämlich eine Dressurprüfung, bei der es hauptsächlich um die Durchlässigkeit der Pferde und die gefühlvolle Einwirkung des Reiters geht. Dazu muß ein Geländeritt absolviert werden, bei dem das Galoppier- und Springvermögen des Pferdes entscheidend ist. Dies gilt auch für den abschließenden Springparcours.

Serviceteil

KLEINES LEXIKON

Aktion der Vorderbeine	deutliches Anheben der Vorderfußwurzel des Pferdes (»Knieaktion«)
Außengalopp	entgegen der vorgegebenen Hand gerittener Galopp als versammelnde Übung (Linke Hand – Rechtsgalopp und rechte Hand – Linksgalopp)
Bahnpunkte	Buchstaben zur Markierung der Reitbahn zur Festlegung der Arbeitslinien
Bandage	10 bis 15 cm breites und bis 3 m langes Gewebe aus Wolle, Baumwolle, synthetischem bzw. elastischem Garn zum Schutz der Pferdebeine
Behosung	Muskulatur der Hinterbeine des Pferdes im Bereich des Ober- und Unterschenkels, die möglichst voll und tief in Richtung des Sprunggelenkes reichen soll
Bodenrick	2,50 bis 3,00 m lange Stange, die auf 40 cm hohen Böcken befestigt ist
Caprilli	der italienische Rittmeister Federico Caprilli prägte um die Jahrhundertwende den heute überall im entlastenden Sitz angewandten Springstil
Cavaletti	italienisches Wort für Bodenrick
Ellbogenhöcker	an der Vordergliedmaße rumpfwärts gerichteter, oberer Teil der mit der Speiche verwachsenen, stark zurückgebildeten Elle
Exterieur	das äußere Erscheinungsbild des Pferdes. Gegensatz zu Interieur, den inneren Werten des Pferdes wie Charakter und Temperament
Fangständer	Hindernisständer, die gleichzeitig als seitliche Begrenzung dienen, um ein Ausbrechen des Pferdes beim Springen zu verhindern
Feed back	pädagogischer Ausdruck, welcher im Hinblick auf den Reitunterricht die Rückmeldung des Reitlehrers an den Reitschüler nach erfolgter Korrektur bedeutet
Gallen	Ansammlung von Gewebeflüssigkeit im Bereich der Gelenke und Sehnenscheiden, vor allem an Sprung- und Fesselgelenken
Ganasche	hinterer Teil der beiden Unterkieferäste, welcher durch seinen Bau der jeweiligen Ohrspeicheldrüse im Kopf-Halsbereich genügend Raum für eine druck- und schmerzlose Beizäumung des Pferdes gewähren muß
Gangmaß	die drei Grundgangarten können im Arbeitstempo, in Verstärkungen und Versammlung geritten werden, wobei stets der Takt erhalten bleiben muß
Genick	Übergang des Hinterhauptbeines zum ersten Halswirbel (Atlas) des Pferdes
Grundgangarten	Schritt, Trab und Galopp sind die Grundgangarten des Pferdes. Tölt und Paß gelten bei bestimmten Rassen als Spezialgangarten
Handgalopp	entsprechend der in der Reitbahn vorgegebenen Hand gerittener Galopp. (Linke Hand – Linksgalopp und Rechte Hand – Rechtsgalopp)
Hankenbeugung	Senkung der Kruppe durch verstärkte Winkelung im Hüft- und Kniegelenk
Hippologie	Lehre vom Pferd
Horsemanship	Achtung, Umgang und Haltung des Menschen gegenüber dem Pferd als ein fühlendes und empfindendes Lebewesen
Hufschlag	Bezeichnung für Arbeitslinien in der Reitbahn zum Reiten von Hufschlagfiguren. Der 1. Hufschlag bezeichnet die Arbeitslinie direkt an der Bande
Jochbein	Teil des seitlichen oberen Gesichtsschädels mit der kantigen Jochbeinleiste

Jodhpurhose	Reithose, die im Gegensatz zur Stiefelhose über kurze Reitstiefel (Stiefeletten) getragen wird. Der Name leitet sich von der indischen Provinz Jodhpore ab
Kaliber	das Verhältnis von Gewicht eines Pferdes zu seiner Widerristhöhe
Kandarenzäumung	eine aus zwei Gebissen bestehende Zäumung von Dressurpferden, bei welcher der Reiter zwei Zügelpaare führt
Karpfenrücken	fehlerhafte Oberlinie des Pferdes durch einen stark nach oben gewölbten Rücken
Kreuzgalopp	fehlerhafte Fußfolge im Galopp durch Umspringen des Pferdes mit den Hinterbeinen
Longe	7 m lange Leine aus breitem Zügelgurt mit hohem Baumwollanteil, die am Ende einen Schnallverschluß oder einen Karabinerhaken mit Wirbel aufweist
Martingal	vor allem beim Springen und Geländereiten als gleitendes Ringmartingal eingesetzter Hilfszügel
Natürliche Schiefe	angeborene Schiefe des Pferdes, die im Rahmen der Ausbildung gerade gerichtet werden sollte
Paraden	Einwirkung des Reiters auf das Pferd in Zusammenspiel von Reitergewicht, Reiterschenkel und Zügelhilfen. Ganze Paraden führen gegenüber halben Paraden zum Halten
Paßgang	gleichseitiges und gleichzeitiges Vorsetzen der Beinpaare eines Pferdes. Spezialgangart bestimmter Rassen wie Islandpferde
Pferdelänge	die Länge eines Pferdes wird von der Bugspitze bis zum Sitzbeinhöcker gemessen und liegt beim Reitpferd zwischen 165 und 175 cm Länge
Pulswerte	die Herzschlagfrequenz (Puls) liegt beim erwachsenen Pferd in Ruhe zwischen 28 und 40 Schlägen pro Minute und kann sich bei großer Anstrengung bis auf 220 Schläge pro Minute erhöhen
Reitpferdepoints	Merkmale des Körperbaus, die für ein gutes Reitpferd unerläßlich sind
Rumpf	Körper des Pferdes ohne Kopf, Hals und Gliedmaßen. Der Rumpf sollte genügend Gurtentiefe bei längsovaler Rippenwölbung aufweisen
Schleppe	vom Schleppenleger durch Losung oder Trittsiegel markierte Strecke bei einer Reitjagd hinter der Hundemeute
Schweifrübe	aus der Kruppe austretender Teil der Schweifwirbelsäule
Senkrücken	fehlerhafte Oberlinie des Pferdes durch einen nach unten durchgebogenen Rücken
Springgymnastik	Schulung von Motorik und Rhythmusgefühl bei Reitern und Pferden
Striegel	Putzgerät aus Metall, Plastik oder Gummi zum Aufrauhen und Massieren des Fells und Entfernen von Schmutzkrusten
Trensenzäumung	aus Trensengebiß und Reithalfter bestehende, für alle Reitzwecke gleichermaßen geeignete Zäumung
Typ des Pferdes	Ausdruck, Größe, Kaliber und Geschlecht machen den Typ eines Pferdes aus
Vorderfußwurzelgelenk	breites, starkes Gelenk am Vorderbein des Pferdes, welches gerne, jedoch nicht korrekt, als »Knie« bezeichnet wird
Widerristhöhe (Stockmaß)	als Stockmaß wird die Widerristhöhe als Lot vom höchsten Punkt des Widerrists auf den Boden gemessen. Bei Reitpferden beträgt die Höhe zwischen 160 und 170 cm
Xenophon	griechischer Philosoph, Schriftsteller und Heerführer der Antike aus Attika, der um 400 v. Chr. das Buch »Über die Reitkunst« geschrieben hat

Serviceteil

NÜTZLICHE ADRESSEN

Deutsche Reiterliche Vereinigung (FN)
Freiherr-von-Langen-Str. 13
D – 48231 Warendorf
Tel.: 0049-(0)2581-63620
Fax 0049-(0)2581-62144
www.fn-dokr.de

Vereinigung der Freizeitreiter und -fahrer in Deutschland (VFD)
Auf der Hohengrub 5
D – 56355 Hunzel
Tel.: 0049-(0)6772-9630980
Fax 0049-(0)6772-9630985
www.vfdnet.de

Verein Deutscher Distanzreiter und -fahrer e.V.
Zum Ludwigsthal 17
45527 Hattingen
Tel.: 0049-(0)02324-23841
Fax 0049-(0)02324-54191
www.vdd-aktuell.de

Bundesfachverband für Reiten und Fahren in Österreich
Geiselbergstr. 26-32 /Top 512
A – 1110 Wien
Tel.: 0043-(0)1749926113
Fax 0043-(0)1749926191
www.fena.at

Schweizerischer Verband für Pferdesport
Papiermühlestr. 40
Postfach 726
CH – 3000 Bern 22
Tel.: 0031-(0)335-4343
Fax 0031-(0)335-4358
www.svps-fsse.ch

FS Reit-Zentrum Reken
Frankenstr. 37
D – 48734 Reken
Tel.: 0049-(0)2864-2434
Fax 0049-(0)2864-5860
www.fs-reitzentrum.de

TTEAM Deutschland
Bibi Degn
Hassel 4
57589 Pracht
Tel.: 0049-(0)2682-8886
Fax 0049-(0)2682-6683
e-mail: gilde@tteam.de
www.tteam.de

TTEAM Österreich
Martin Lasser
Spitalgasse 7
A – 2549 Bad Vöslau / Gainfarm
Tel.: 0043-(0)664-1250252
e-mail: tteam.office@aon.at
www.tteamoffice.at

TTEAM Schweiz
Christine Wittwer-Kronberg
CH-3504 Oberhüningen
Tel.: 031-711722
e-mail: gilde@tteam-ttouch.ch
www.tteam-ttouch.ch

Deutsches Pferdemuseum
Holzmarkt 9
D – 27283 Verden (Aller)
Tel.: 0049-(0)4231-807140 (Ausstellung)
Tel.: 0049-(0)4231-807150
e-mail: pferdemuseum@t-online.de

ZUM WEITERLESEN

CHMIEL, CLAUS: Sportlehre: Grundlagen der Trainingslehre, Warendorf 1992.
DEUTSCHE REITERLICHE VEREINIGUNG: Richtlinien für Reiten und Fahren, Warendorf 1999-2003.
CUMMINGS, PEGGY: Connected Riding. Besser reiten mit inneren Bildern, Stuttgart 2005.
FASZINATION PFERDE: Alles übers Reiten, Stuttgart 2005.
FASZINATION PFERDE: Alles über Haltung und Gesundheit, Stuttgart 2005.
FASZINATION PFERDE: Alles über Zucht und Rassen, Stuttgart 2005.
GAST, ULRIKE UND CHRISTIANE: Die Reitabzeichen. Das Lehr- und Übungsbuch für DRA IV/III und DLA IV/III, Stuttgart 2005.
GOHL, CHRISTIANE: Pferdekunde. Basiswissen rund ums Pferd, Stuttgart 2006.
GOHL, CHRISTIANE: Was der Stallmeister noch wusste, Stuttgart 1998/2005.
HERTSCH, BODO: Anatomie des Pferdes, Warendorf 1992/2003.
HÖLZEL, PETRA: Basis-Pass Pferdekunde. Neu nach APO 2006, Stuttgart 2006.
MEYNERS, ECKART: Bewegungsgefühl und Reitersitz. Reitfehler vermeiden – Sitzprobleme lösen, Stuttgart 2005.
PODHAJSKY, ALOIS: Die klassische Reitkunst. Reitlehre von den Anfängen bis zur Vollendung, Stuttgart 1998/2006.
SCHÖFFMANN, BRITTA: Die Skala der Ausbildung. Erfolgreich reiten nach den Richtlinien der FN, Stuttgart 2003.
SCHÖFFMANN, BRITTA: Lektionen richtig reiten. FN-Richtlinien in der Praxis. Übungen von A – Z mit Olympiasiegerin Isabell Werth, Stuttgart 2005.
SCHUMACHER, JOCHEN/KRÄMER, MONIKA: Die Kosmos Reitlehre. Erfolgreich im Sattel von Anfang an, Stuttgart 2002.

Wir danken für persönliche Mitteilungen von Andreas Häfele und Hans Freudigmann zum Thema Distanzreiten und Eckart Meyners zu Grundlagen des Lehrens und Lernens im Reitsport.

KOSMOS INFOLINE

Sie können sich mit Ihren Fragen und Problemen an unsere Autoren Karl Single und Dr. Thomas Raue wenden. Schreiben Sie an die „InfoLine reiterwissen" (bitte mit Rückporto):

Kosmos Verlag
„InfoLine reiterwissen"
Postfach 10 60 11
70049 Stuttgart

BILDNACHWEIS

Mit 107 Farbfotos von: Elisabeth Briegel, Ravensburg (S. 84), Jean Christen, Mannheim (S. 56), Panja Czersky, Langwedel-Völkersen (S. 32, 33 o. li., m. und o. re., 36 li. und re.), Felix v. Döring, Hamburg (S. 23 . re. und u.), Hans D. Dossenbach, CH-Siblingen (S. 29), Klaus-Jürgen Guni / Horst Streitferdt, Böblingen (S. 1, 64), Irene Hohe, Lohndorf (S. 1, 87), Walter Huber (S. 120), Cornelia Koller, Schierhorn (S. 116), Horst König, Gomadingen-Marbach (S. 12/13, 83), Pferdesporthaus Krämer, Hockenheim (S. 53 o.), Hans Kuczka, Wetter (S. 19, 46), Archiv Landgestüt Marbach, Gomadingen (S. 49), Lothar Lenz, Cochem (S. 14/15), Ralf Roppelt, Stuttgart (S. 5, 26 o., 39), Christof Salata / Kosmos, Stuttgart (S. 2, 3 o. re., u. re. und großes Foto, 4/5, 6/7, 9, 10, 23 o. li., 24, 26 u., 28, 31, 34, 35 li., m. und re., 37, 38/39, 41, 42 o. un d u. 44, 45 li., m. und re., 47 li. und re., 48 li. und re., 51 li. und re., 52 o. und u., 55 li. und re., 58, 61, 62, 66/67, 69, 70, 72, 76, 77, 78, 79 o., m. und u., 81, 86/87, 88, 90 o. und u., 91, 93, 94, 96 li. und re., 97, 98, 99 li. und re., 102, 103, 106 o. und u. 107 li. und re., 108, 109 o., m. und u., 110 o. und m., 110/111, 113, 114 o. und u., 115 li. und re., 119, 121), Edgar Schöpal, Düsseldorf (S. 117), Christiane Slawik, Würzburg (S. 14 o., 17, 18, 21, 50, 68), Sabine Stuewer, Darmstadt (S 118/119) Sigfried Stöhr, Marbach (S. 74/75).

Die Grafiken im Innenteil sowie auf der inneren Umschlagklappe erstellte Cornelia Koller, Schierhorn.

IMPRESSUM

Umschlaggestaltung von eStudio Calamar; Titelfotos von Christiane Slawik, www.slawik.com (großes Motiv), Fotoagentur Rainer Dill, Schwanstetten (kleines Motiv). Foto auf dem Buchrücken von Bernd Schellhammer, Großstadelhofen. Foto auf der hinteren Umschlagseite (U4) von Christof Salata / Kosmos.

Bibliografische Information der Deutschen Nationalbibliothek
Die Deutsche Nationalbibliothek verzeichnet diese Publikation in der Deutschen Nationalbibliografie; detaillierte bibliografische Daten sind im Internet über http://dnb.ddb.de abrufbar.

2., aktualisierte Auflage

ISBN 978-3-440-10627-3
Redaktion: Katja Pauls
Produktion: Kirsten Raue, Claudia Kupferer
Printed in Germany / Imprimé en Allemagne

REGISTER

Abfußen 57
Abschnauben 23
Absprungphase 103
Abteilungsreiten 54
Anbinden 28
Angaloppieren 60
Anlehnung 78
Anreitphase 103
Armhaltung 42
Auflagen 108
Aufsitzhilfe 36
Auftrensen 33
Ausbildung, Skala der 74, 85
Ausbildungsstufen 47
Ausbindezügel 35, 53
Ausdrucksverhalten 18f.
Ausrüstung, Reiter 26

Backenstücke 34
Bahnordnung 89
Bahnpunkte 89
Bandagen 31
Boxenhaltung 20
Bügelmaß 41

Cavalettiarbeit 70

Distanzreiten 116
Dreieckszügel 53
Dressursitz 40f.

Eisenbahnschranken 105
Entwurmung 22
Erholungsphase 77
Exterieur 13

Fangständer 106
Fesseln 15
Flehmen 20
Führzügel 46

Galopp 60
–, Arbeits- 60
–, Links- 60, 63
–, Mittel- 60
–, Rechts- 60, 63
–, starker 60
–, versammelter 60
Gamaschen 31
Ganaschenfreiheit 14
Gangmaß 72
Gatter 105
Gelände 110
Geraderichten 82
Gerte 54
Gewichtshilfen 52
Grundgangarten 56
Gruppenstallhaltung 20
Gurtstrippen 33

Handhaltung 42
Hanken 83
Hilfsmittel 54
Hindernisreihen 106
Hintereinanderherreiten 56
Hinterzwiesel 32
Hochweitsprung 105
Horsemanship 8
Huffett 28
Hufkratzer 28
Hufpflege 22
Hufschlag, zweiter 90
Hufschlagfiguren 88f.
Hufspur 57

Impfungen 22

Jagdreiten 120
Jodhpurhosen 27

Kardätsche 28
Kehrtvolte 96
Kinnriemen 34
Körperbau 13
Körperhaltung 42
Körpersprache 22
Kopfgestellnummer 117

Längsbiegung 82
Laufstallhaltung 20
Leichttraben 43
Lektionen, lösende 76
Longe 35, 46
Losgelassenheit 75

Mähnenbürste 28
Mähnenkamm 28
Mauer 104

Nachgurten 35
Nasenriemen 34

Ohrenspiel 22
Ohrenstellung 22

Palisaden 105
Parade 72
–, ganze 73
–, halbe 72
Paßgang 57
Pferderücken 15
Planken 104
Putzutensilien 28f.

Rahmenerweiterung 57
Rechtsgalopp 60, 63
Reitpaß 113
Reitgerte 27
Reithalfter 34
Reithalfter, englisch kombiniertes 34
Reithalfter, Hannoversches 34
Reithandschuhe 26
Reithosen 26
Reitstunde 67
Rennsitz 40
Ringmartingal, gleitendes 53

Sattel 32
Satteldecke 33
Sattelgurt 32
Sattelkammer 32
Sattellage 14f.

satteln 32
Sattelpauschen 32
Schenkelhilfen 52
Schenkelweichen 100
Schlangenlinien 98
Schlangenlinie,
–, doppelte 99
–, einfache 99
Schritt 56
–, Mittel- 56
–, starker 57
Schrittlänge 57
Schulter herein 82
Schwamm 28
Schwarzes Brett 11
Schweißmesser 28
Schwung 80
Sicherheitsabstand 113
Sitz, leichter 40
Sitzfehler 49
Sitzfläche 32
Sporen 27, 54
Sperriemen 34
Springgymnastik 102
Springsitz 102
Stallgasse 28
Ständerhaltung 20
Stangen 104
Steigbügelfeder 32
Steilsprünge 104
Stoßzügel 53
Striegel 28
Striegeln 29

Trab 58
–, Arbeits- 58
–, Mittel- 59
–, starker 59
–, versammelter 59
Trense 33
Triplebarre 105
Tür frei 36

Übungen, lösende 70

Versammlung 83
Vielseitigkeitsprüfung 121
Viereck 88
Volte 96
Vorhandwendung 101
Vorlegestange 103

Wanderreiten 115
Wassergraben 105
wechseln, durch die halbe Bahn 95
–, durch die Länge der Bahn 94
Widerrist 14
Wollappen 28
Wurzelbürste 28

Zirkelreiten 92
Zügel, gegen den 79
–, hinter dem 79
–, über dem 79
Zügelfaust 52f.
Zügelhaltung 52
Zügelhilfen 42
Zügellinie 53
Zügelmaß 53